Jürgen Brater

Für den MIST *bin ich zu alt*

Als Senior unter Handystarrern und Sprachverhunzern

YES

Originalausgabe
5. Auflage 2025

Türkenstraße 89, 80799 München
info@yes-publishing.de

Redaktion: Stephanie Kaiser-Dauer
Umschlaggestaltung: Ivan Kurylenko (hortasar covers)
Layout und Satz: Satzwerk Huber, Germering
Druck: CPI
Printed in the EU

ISBN Print 978-3-96905-353-9
ISBN E-Book (EPUB, Mobi) 978-3-96905-354-6

Das Ärgerliche am Ärger ist, dass man sich schadet,
ohne anderen zu nützen.
Kurt Tucholsky

Inhalt

Einige erklärende Worte vorab

Dies ist die Geschichte von Hermann, einem fast 80-jährigen Ex-Gymnasiallehrer, der betrübt feststellen muss, dass er die Welt um sich herum immer weniger versteht. Wo er hinblickt, sieht er Jüngere, die auf ihr Handy starren, stößt auf fremdsprachliche Begriffe, die er nicht kennt, schüttelt den Kopf über Wörter wie »Mitarbeitende« und »Ärzt_innen« und stößt sich an Umgangsformen, die seine Eltern bei ihm heftig getadelt hätten. Er fragt sich, ob seine Großeltern ihn in vielen Bereichen des Miteinanders wohl ebenso wenig verstanden hätten, wie er das bei seinen Enkeln erlebt, und erkennt zähneknirschend, dass sich das Leben – vor allem in technischer Hinsicht – immer schneller verändert.

Vor allem wenn es um die allgegenwärtige Digitalisierung und den zunehmenden Zwang geht, sich »online« zurechtzufinden, fühlt er sich total hilflos, und vor der immer weiter um sich greifenden »künstlichen Intelligenz« hat er regelrecht Angst. Also beschließt er schweren Herzens, sich den Herausforderungen der modernen Zeit zu stellen, und macht sich nach und nach mit der Handhabung von Computern und Smartphones sowie dem Internet vertraut. Was ihm erstaunlicherweise mit der Zeit sogar Spaß bereitet.

Dieses Buch ist kein klassisches Sachbuch, aber auch kein Roman. Alle vorkommenden Personen sind zwar frei erfunden, haben aber durchaus Bezüge zu realen Menschen aus dem Umfeld des Autors. Der wünscht Ihnen beim Lesen viel Spaß und vielleicht, sofern Sie auch zu den Senioren gehören, den Mut, es Hermann nachzutun und sich zumindest mit den grundsätzlichen Anforderungen unserer modernen technischen Welt auseinanderzusetzen.

Damit Sie immer seltener konstatieren müssen: »Für den Mist bin ich zu alt!«

Ein gemütlicher Nachmittagskaffee

Sonntagnachmittag, halb vier. Sohn Sven und Schwiegertochter Julia mit Enkel Jonathan und Enkelin Kara sind bei uns zu Kaffee und Kuchen eingeladen. Es gibt Zwetschgendatschi mit Sahne, alle futtern vergnügt und beteiligen sich munter an der Unterhaltung. Doch kaum sind Geschirr, Servietten und Besteck weggeräumt, ändert sich die Szenerie dramatisch. Wie auf Kommando hat jeder von den vieren plötzlich ein Mobiltelefon in der Hand. Und schlagartig herrscht eine Stille, als hätte jemand den Ton abgestellt. Alle sind vollkommen in ihre Handys vertieft, tippen schweigend auf den Tasten herum, freuen sich über irgendwelche Nachrichten, Bilder oder Videos. Enkelin und Enkel nehmen grinsend ein Selfie auf – den Ausdruck »Selfie« kannte ich vor wenigen Jahren noch gar nicht –, Sven antwortet wie immer auf angeblich wichtige geschäftliche E-Mails, und Julia tauscht sich vermutlich mal wieder mit den Mitgliedern einer Elterngruppe aus. So versunken sind alle in ihre Handys, dass eine Ratte samt Jungen quer über den Tisch trippeln könnte, und niemand würde sie bemerken. Ja, schlimmer noch: Gäbe die Ratte ein wütendes Piepen oder Quieken von sich, würden mit Sicherheit alle vier denken, sie hätten soeben eine wichtige WhatsApp, E-Mail, Erinnerung oder sonst etwas überaus Bedeutsames erhalten, und würden hektisch tippend, wischend und scrollend – schon wieder so ein neumodisches Wort – danach suchen. Und wenn meine Frau Ella und ich jetzt den Raum verließen, vielleicht um einen Spaziergang zu machen, würde es von unserem Besuch bestimmt niemand mitbekommen.

Mit leiser Stimme, um die vier nicht unnötig zu stören, frage ich, ob wir vielleicht ein gemeinsames Spiel machen wollen. Das war früher, als unsere Enkelkinder noch kleiner waren, eigentlich immer angesagt, und alle hatten ihren Spaß daran. Doch damit ist es vorbei. Zwar machen kurz darauf sechs Würfel die Runde, aber würde man Julia fragen, welche Augenzahl ihre Tochter soeben erreicht hat, müsste sie bedauernd mit den Schultern zucken. Denn sie hat schon wieder ihr Handy vor der Nase. Was Sven und Jonathan allerdings nicht auffällt, da auch sie angestrengt auf ihre Bildschirme starren und dem Spiel keinerlei Beachtung schenken. Schade, geht es mir durch den Kopf, dass man den Smartphones nicht mit einem Handgriff den Strom abstellen kann. Die verblüfften, ja geradezu entsetzten Gesichter möchte ich sehen! Ich blicke Ella an, sie blickt mit hochgezogenen Augenbrauen zurück, dann beschließen wir, das Spiel, obwohl noch längst nicht fertig, kurzerhand zu beenden. Was, wie erwartet, keinen unserer Gäste zu stören scheint. Im Gegenteil! Sven widmet sich wieder schweigend seinen Mails – würde ich jetzt seinen Kaffee gegen Zitronensaft tauschen, er würde es mit Sicherheit nicht bemerken –, Jonathan und Kara vertiefen sich wie ihre Mutter ebenfalls wieder in ihre Handys, und ich nehme ein Buch zur Hand, um zu lesen. Schließlich erhebt sich auch Ella und verschwindet ins Nachbarzimmer, wo unser Fernseher steht. Bevor sie die Tür hinter sich zuzieht und ich mich in meine Lektüre vertiefe, mache ich angesichts des prächtigen Wetters noch den zaghaften Vorschlag eines gemeinsamen Spazierganges. Die einzige Reaktion besteht darin, dass Kara gequält aufstöhnt, die anderen drei haben meine Worte offenbar überhaupt nicht mitbekommen

So vergehen etwa zwei Stunden, dann erklärt Jonathan, er habe für morgen noch Hausaufgaben zu erledigen, Kara will sich mit ihrem neuen Freund treffen, und Sven verkündet, er müsse noch an einer wichtigen Telefonkonferenz teilnehmen. Die drei erheben sich kurz nacheinander und verabschieden sich, nur Julia würde offensichtlich gerne bleiben, offenbar gibt es mit den anderen Eltern noch dieses und jenes zu bereden. Dann sind Ella und ich wieder allein. Und weil die Würfel noch immer auf dem Tisch liegen, spielen wir eben alleine eine Runde und beschließen, beim nächsten Familienkaffee unsere Gäste Gäste sein zu lassen und zusammen ins Kino zu gehen.

Wer ich früher war und heute bin

Doch entschuldigen Sie bitte, ich habe mich ja noch gar nicht vorgestellt. Also hallo, ich bin der Hermann. Ich bin 79 Jahre alt, habe demnächst die ersten acht Jahrzehnte meines Lebens mehr oder minder glücklich und erfolgreich vollendet und damit die aktuelle Lebenserwartung für Männer bereits um ein knappes Jahr überschritten. Allerdings fühle ich mich keineswegs wie Ende 70, sondern mindestens 20 Jahre jünger. Aber das geht ja wohl jedem so: Welches Alter man auch erreicht, immer hätte man erwartet, sich dabei deutlich älter zu fühlen. Mit 20 ist man überzeugt, ein 70-Jähriger sei jenseits von Gut und Böse und müsse vor allem anderen daran denken, sein Testament zu machen und sich um sein Begräbnis zu kümmern. Und wenn man dann tatsächlich 70 geworden ist, hat man keineswegs das Gefühl, ab jetzt zu den Alten zu gehören. An dem Spruch, 70 sei das neue 50, ist also tatsächlich eine Menge dran.

Seit 14 Jahren lebe ich im – wie man so sagt – wohlverdienten Ruhestand, vorher habe ich an einem hiesigen Gymnasium Deutsch und Französisch unterrichtet. 40 Jahre lang und eigentlich immer ganz gerne. Sicher, auch in meiner beruflichen Laufbahn gab es hin und wieder Momente, in denen ich die Schule und alles, was dazugehörte, am liebsten an den berühmten Nagel gehängt oder gar in die Ecke gepfeffert hätte. Aber solche Phasen haben in der Regel nicht lange gedauert, danach bin ich jeden Morgen wieder gerne zur Arbeit gegangen. Zurzeit fühle ich mich, von gelegentlichem Reißen und Zwicken hier und da einmal abgesehen, eigentlich ganz wohl und hoffe, das möge zumindest noch ein paar Jährchen so bleiben. Natürlich ist mir klar, dass die Zahl der Bäume, die ich noch ausreißen werde, begrenzt ist, aber ich habe erst kürzlich von einer Studie der Universität von Südkalifornien gelesen, derzufolge Senioren jenseits der 65 glücklicher sind als alle anderen Altersgruppen. Ich muss sagen, der Erkenntnis kann ich guten Gewissens zustimmen. Deshalb antworte ich auch auf die mir immer mal wieder gestellte Frage, ob ich gerne noch mal 20 oder 30 wäre, mit einem überzeugten Nein. Mein Leben war ein stetiger Wechsel von Aufs und Abs, wobei ich zum Glück sagen kann, dass mir und meiner Frau Ella, mit der ich übrigens 55 Jahre glücklich verheiratet bin, die wirklich schlimmen Abs, damit meine ich Schicksalsschläge wie den Verlust eines Kindes oder eine massive gesundheitliche Beeinträchtigung, bislang erspart geblieben sind. Natürlich haben auch uns Krankheiten heimgesucht, und einige Male mussten wir Chirurgen an uns herumschnippeln lassen. Aber danach ging es uns erfreulicherweise immer wieder gut. Möge es bis zum wohl nicht mehr allzu fernen Ende unseres Lebens so bleiben!

Ella und ich bewohnen in einer mittelgroßen schwäbischen Stadt eine komfortable Eigentumswohnung im Hochparterre – sagt man eigentlich noch so? – eines Mehrfamilienhauses mit Aufzug, Terrasse und überschaubarem Garten. Und, nicht zu vergessen, mit einem Hausmeister, der sich um alles Notwendige kümmert, das Treppenhaus jede Woche von oben bis unten durchwischt sowie – für uns besonders erfreulich – im Winter frisch gefallenen Schnee wegräumt. Wir haben eine Tochter und einen Sohn namens Kerstin und Sven, beide in den frühen 50ern und verheiratet, dazu fünf Enkel: vier Jungen, Elias, Noah, Niklas, Jonathan, und ein Mädchen namens Kara – die beiden Letztgenannten kennen Sie ja schon. Elias, der Älteste, ist 23, Kara, die Jüngste, gerade 17 geworden. Auch sie sind alle gesund, im Allgemeinen guter Dinge und mir, das muss ich bedauerlicherweise konstatieren, in immer mehr Dingen des täglichen Lebens deutlich überlegen. Besonders wenn es um Computer und Digitales geht, kann ich bei Weitem nicht mit ihnen mithalten. Bei derlei Themen könnte man meinen, sie hätten ihr Wissen und Können mit der Muttermilch eingesogen, was aber auch nicht stimmen kann, da ihre beiden Mütter in puncto Datenverarbeitung zu Zeiten ihrer Geburten auch nur bescheidene Kenntnisse hatten. Aber heutzutage lernen die Kinder ja den Umgang mit Informationstechnologie und den dazugehörigen Gerätschaften und Verfahren genauso mühelos, das heißt praktisch nebenbei, wie ihre Muttersprache. Ohne sich bewusst darum zu bemühen, können sie schon in frühen Jahren mit Computern und Handys umgehen, als sei das die einfachste Sache der Welt. Ich werde noch ausführlich darauf zu sprechen kommen.

Meine reichliche Freizeit verbringe ich – wenn ich nicht gerade für ein paar Tage mit Ella irgendwo unterwegs bin, wo es schön ist – vorzugsweise mit Lesen und im Sommer mit Gartenarbeit, die ich sehr liebe. Außerdem gehe ich seit mehr als 30 Jahren begeistert zur Jagd, aber meine Leidenschaft für das Waidwerk hat in letzter Zeit wegen immer weniger Wild und überbordender Bürokratie, besonders bei der Jagd auf Schwarzwild, deutlich nachgelassen, und ich setze mich nur noch auf einen Hochsitz oder nehme an einer Drückjagd teil, wenn ich dazu von einem Jagdfreund persönlich eingeladen worden bin. Morgens um vier Uhr aufzustehen oder die ganze Nacht in der Hoffnung auf Wildschweine im Wald zu verbringen, macht mir schlicht keine Freude mehr. Was mich dagegen notgedrungen immer mehr Zeit kostet, ist der Versuch, mit der heutigen Welt klarzukommen. Was hat sich da seit meiner Jugend nicht alles – und bei Weitem nicht immer zum Vorteil – verändert! Wie Ella und ich mit all diesen Umstellungen und Neuerungen oft mehr schlecht als recht zurechtkommen, darüber möchte ich im Folgenden berichten.

Ist Ihnen übrigens aufgefallen, wie ich Sie, liebe Leserinnen und Leser, zu Beginn dieses Kapitels begrüßt habe? Nicht etwa mit eben diesen Worten und schon gar nicht mit einer offiziellen Anrede wie »Sehr geehrte Damen und Herren«, sondern mit einem überaus schlichten »Hallo«. Denn so grüßt man sich heute allenthalben. Und zwar unabhängig von Anlass und Adressat des Grußes. So wie man sich auch immer mehr duzt. Ich glaube nicht, dass mein Sohn auch nur einen einzigen seiner Kollegen oder Geschäftspartner – die meisten etwa in seinem Alter – jemals mit »Sie« angeredet hat. Wenn ich denke, dass ich sogar meine Studienkollegen und -kolleginnen – die ganz besonders! – im ersten Semester gesiezt habe, hat sich in dieser Beziehung doch enorm viel getan. Und das wird – da bin ich mir sicher – auch so weitergehen. Für mich ist es nur eine Frage der Zeit, bis man – wie schon heute in den skandinavischen Ländern – auch Vorgesetzte und andere hochgestellte Personen hemmungslos mit »Du« anspricht. Zwar werde ich selbst es wohl nicht mehr erleben, aber meine Enkel werden zweifellos irgendwann nichts Besonderes mehr daran finden, wenn sie im Fernsehen sehen und hören, wie sogar der Chef der katholischen Kirche statt mit »Heiliger Vater« mit einem lapidaren »Hallo Franziskus« – oder wie der aktuelle Würdenträger dann gerade heißt – angeredet wird. Alles nur eine Frage von Zeit und Gewohnheit.

Immer mehr Alte in einer immer komplizierteren Welt

Früher sprach man von Menschen jenseits der 70 ganz unverblümt von den »Alten«. Und alt sind sie natürlich nach wie vor. Aber das drückt man heute tunlichst nicht mehr so schonungslos aus. Schon weil es ja nur eine Frage der Zeit ist, bis man selbst zu dieser Kategorie gehört. Heute spricht man lieber euphemistisch von »Senioren«. Klingt doch gleich viel freundlicher. Und vor allem – darauf wird ja allenthalben größter Wert gelegt – bei Weitem nicht so diskriminierend. Denn Senioren gibt es ja immer mehr. Weil die Lebenserwartung seit vielen Jahren steigt und steigt. Allein im letzten Jahrhundert hat sie sich fast verdoppelt, und ein Ende dieser Entwicklung ist nicht abzusehen. 24 Prozent und damit fast ein Viertel der deutschen Bevölkerung zählen heute zu den Senioren, also den über 70-Jährigen, und diese Zahl nimmt stetig zu. 2030 werden es voraussichtlich bereits 35 Prozent sein. Schon heute sind mehr als die Hälfte der Deutschen älter als 60. Auf einen über 75-Jährigen kommen nur noch 12 Personen, die jünger als 75 sind – um 1900 waren das noch 74 –, und 2040 werden es nur noch ganze 6 sein.

Das wäre alles kein Problem, hätte die Welt sich in den letzten rund 150 Jahren nicht immer schneller verändert und wären die technischen Neuerungen nicht so rasant in praktisch alle gesellschaftlichen Bereiche vorgedrungen. Vor Beginn der Industrialisierung, also vor 1850, hätte ein neugeborenes Baby, wenn es zu derlei Gedanken in der Lage gewesen wäre, noch davon ausgehen können, dass die Lebensumstände bei seinem Tod 40 oder 50 Jahre später bis auf minimale Änderungen noch immer dieselben sein würden. Davon kann längst keine Rede mehr sein. Im Gegenteil: Man hat das Gefühl, dass speziell der technische Fortschritt immer schneller und schneller vonstattengeht. Wenn ich nur an meine eigene Kindheit denke: Lesen und Rechnen lernte ich in einer Volksschulklasse mit mehr als 40 Schülern und Schülerinnen mithilfe einer Schiefertafel, auf die man mit einem Griffel schrieb. Was im Übrigen alles andere als einfach war: Entweder man drückte zu wenig auf und konnte dann nichts erkennen, oder man erhöhte den Druck und der Griffel brach ab. Außerdem bekam die Tafel dadurch tiefe Rillen, was nachfolgendes Schönschreiben von vornherein vereitelte.

Wenn wir nicht spurten oder auch nur während des Unterrichts redeten, legte uns der Lehrer kurzerhand übers Pult und zog uns einen Rohrstock über den Hintern. Vielleicht hatte er ja im Knigge von 1955 gelesen, was dort über erfolgreiche Kindererziehung stand: »Jeder ist nur das wert, was er im Interesse seiner Gemeinschaft leistet. Der Junge auf der Schwelle zum Mannestum und das Mädchen auf der Entwicklungsstufe zur Jungfrau haben sich zu läutern, um ein wertvolles Glied in der großen Kette zu werden, die aus grauer Vergangenheit in die fernste Zukunft reicht.« Zu dieser Läuterung hat er jedenfalls nach Kräften beigetragen.

Auf den Straßen sah man praktisch nur buckelige VW-Käfer mit 30-PS-Heckmotoren, in denen die Leute unangeschnallt, ohne ABS, Airbags, Scheibenwaschanlage, Einparkhilfe oder Rückfahrkamera unterwegs waren. Autos, bei denen man zum Herunterschalten noch Zwischengas geben und zum Wechsel von Fahr- auf Fernlicht einen Knopf im Fußraum treten musste. Was zur Folge hatte, dass man nachts bei unvermutet auftauchendem Gegenverkehr mit dem linken Fuß erst mehrmals hektisch ins Leere tappte, bevor man die grelle Beleuchtung abgestellt und den Entgegenkommenden vom Geblendetwerden erlöst hatte. Dafür waren uns aber Probleme mit überfrachteten, aus der Lenksäule ragenden Multifunktionsschaltern zum Auf-und-ab-Kippen, Drehen und Vor-und-zurück-Bewegen gänzlich fremd. Mit denen habe ich, obwohl mir mein Auto eigentlich durchaus vertraut ist, bis heute meine Probleme, und wenn ich etwa den Heckscheibenwischer auf Intervall stellen will, passiert es mir immer wieder, dass plötzlich sein Pendant an der Frontscheibe mit einem Affentempo loslegt. Die Seitenscheiben kurbelte man von Hand herunter, und das Stoffdach, so vorhanden, schob man nach beherztem Entriegeln mit einer einzigen ruckfreien Bewegung zurück, einem lässigen Schwung aus dem Handgelenk, dessen Beherrschung den Fahrer in den Augen fachkundiger Passanten auf den ersten Blick als Experten auswies.

Mein erstes eigenes Auto war natürlich ebenfalls ein Käfer – was sonst? Zwar war der Opel Kadett seinerzeit schwer im Kommen, aber mit den bescheidenen Mitteln, die mir für einen Gebrauchtwagen zur Verfügung standen, und in Anbetracht der Tatsache, dass mir ein Kleinstwagen wie ein Goggo- oder Fuldamobil dann doch zu popelig erschien, kam einzig und allein ein betagter Käfer infrage. Der, den ich schließlich erwarb, war schwarz, besaß als einzigen Luxus eine unten spitz zulaufende Vase am Armaturenbrett sowie – für einen Käfer eher ungewöhnlich – Weißwandreifen in recht ordentlichem Zustand. Den Kaufpreis – gerade mal 1100 Mark – hatte ich mir durch Nachhilfeunterricht verdient, den ich jüngeren Gymnasiasten in Mathe, Physik und vor allem Englisch erteilte – anfangs für drei, später für fünf Mark die Stunde. Zusammen mit meinem Freund Herbert, der nach dem Tod seines Vaters über den elterlichen Käfer verfügen durfte, war ich der Einzige in der Klasse, der mit einem eigenen Auto zur Schule kam.

Irgendwann klemmte bei dem VW die Fahrertür, das heißt, sie ließ sich nicht mehr von innen, sondern nur noch von außen öffnen. Doch wegen einer solchen Lappalie suchte ich natürlich nicht gleich eine Werkstatt auf, sondern kurbelte eben vor dem Aussteigen jedes Mal das Seitenfenster herunter, sodass ich bequem den äußeren Türöffner erreichen konnte. Daran gewöhnte ich mich mit der Zeit derart, dass ich, wenn ich ausnahmsweise einmal ein anderes Auto – etwa das meines Vaters – fahren durfte, vor dem Parken ganz automatisch die Fensterkurbel bediente. Und als ich mit meinem Käfer beim TÜV vorfahren musste und der Prüfer eine Runde auf dem Hof drehen wollte, lief ich einfach nebenher und riss, als der Mann anhielt, scheinbar beflissen die Tür von außen auf. Das funktionierte prima.

Ein echtes Problem war das Nichtvorhandensein einer Scheibenwaschanlage, speziell bei Schmuddelwetter, bei dem das vorausfahrende Auto eine Wasser-Matsch-Spray-Fontäne hinter sich herzog, die binnen kurzer Zeit meine Frontscheibe zukleisterte. Um in einer solchen Situation noch eine halbwegs gute Sicht nach vorne zu haben, konnte ich zwischen zwei Möglichkeiten wählen, von denen eine so schlecht war wie die andere. Zum einen konnte ich den Abstand zum Vorausfahrenden so groß halten, dass mich der von ihm hochgewirbelte Schmutz nicht mehr traf, zum anderen konnte ich umgekehrt so nahe an ihn heranfahren, dass möglichst viel Wasser gegen meine Frontscheibe klatschte. Das konnte ich dann als Scheibenwaschflüssigkeit verwenden. Variante eins führte zu wütenden Hupkonzerten der hinter mir Fahrenden, speziell, wenn sie an einer auf Grün schaltenden Ampel nicht losfahren konnten, weil ich erst startete, wenn sich mein Vordermann schon mindestens 50 Meter entfernt hatte. Und bei Variante zwei, dem dichten Auffahren, bestand natürlich für den Fall, dass der Vorausfahrende plötzlich bremsen musste, ein sehr hohes Risiko, von hinten in sein Auto zu knallen. Ich entschied mich trotzdem so gut wie immer für diese zweite Alternative und kann stolz resümieren, dass ich einen Auffahrunfall immer, wenn auch manchmal wirklich erst im allerletzten Moment, vermeiden konnte.

Bei alledem muss man natürlich berücksichtigen, dass die Verkehrsdichte mit der heutigen nicht einmal ansatzweise vergleichbar war. Denn ein Auto war seinerzeit ebenso ein Luxusartikel wie ein Telefon und später ein Fernseher. Und Computer gab es natürlich noch lange nicht. Wie wenig meine Enkel sich das vorstellen können, bewies Jonathan, als er mich neulich mit gerunzelter Stirn fragte: »Und wie kamt ihr dann ins Internet?«

Nach den Hausaufgaben ging es bei nahezu jedem Wetter raus ins Freie, wo wir ebenso begeistert wie verbotenerweise in einer der vielen Nachkriegsruinen Verstecken oder Räuber und Gendarm spielten. Mangels technischer Kommunikationsmöglichkeiten hatten unsere Eltern stundenlang nicht die geringste Ahnung, wo wir uns herumtrieben – für heutige Väter und Mütter ein undenkbarer, Panikattacken und Schnappatmung auslösender Zustand. Solange wir zum Abendessen wieder zu Hause waren, war alles in bester Ordnung. Unsere Mütter wuschen unsere verdreckten Klamotten einmal pro Woche am sogenannten Waschtag in der Gemeinschaftswaschküche unseres Mehrfamilienhauses. Wobei die Wäsche bei Weitem nicht so umfangreich war wie heutzutage, weil wir viel länger ein und dasselbe Hemd, dieselbe Hose und dieselben Strümpfe trugen und selbst unsere Unterwäsche nur wöchentlich wechselten. Ich komme noch darauf zu sprechen.

So wie auch Baden nur einmal pro Woche, bei uns stets am Samstagnachmittag, stattfand. Nach langwierigem Aufheizen des Warmwasserboilers mit Holz und gerne auch Fichtenzapfen waren genau zwei Wannenfüllungen möglich, von denen die eine unseren Eltern, die andere meinem Bruder und mir zustand. Jedes zweite Mal war ich derjenige, der in das trübe Nass steigen musste, in dem Schmutz, Schweiß und Haare meines Bruders schwammen, aber wenn ich meinen eigenen, im Lauf der Woche kumulierten Schmutz und Mief loswerden wollte, blieb mir keine andere Wahl. Allerdings empfand ich das wöchentliche Ritual damals als gar nicht so eklig, wie es mir heute vorkommt, auch wenn ich lieber der erste als der zweite Wannennutzer war. Und wenn wir Jungen nach dem Fußballspielen auf dem Platz neben der Kirche – eine unserer absoluten Lieblingsbeschäftigungen – auch noch so verdreckt waren und schwitzten, dass man unsere Kleidung hätte auswringen können: Wir konnten uns im Badezimmer, so hieß das seinerzeit, nur so gut es ging mit dem Waschlappen abwischen. An eine Dusche, wie sie heute für uns selbstverständlich ist, war unter der Woche überhaupt nicht zu denken.

Wie hat sich das Leben seit damals verändert! Kickende Jungen sieht man heute ebenso wenig wie Ball-an-die-Wand spielende oder Kästchen hüpfende Mädchen. Die Freizeit verbringen die Kinder und Jugendlichen heute größtenteils vor dem Computer. Was man damit alles machen kann, lernen sie von klein auf und sind uns Alten in dieser Hinsicht daher schon im Grundschulalter meilenweit voraus. Wollen wir auch nur einigermaßen mithalten – und ganz ohne digitale Gerätschaften ist das Leben ja kaum mehr möglich –, sind wir, ob es uns passt oder nicht, gezwungen, bei unseren Kindern und Enkeln in die Lehre zu gehen. Früher lernten die Jungen von den Alten, heute ist es in vielen Bereichen des modernen Lebens umgekehrt. Wobei das mit dem Lernen mit fortschreitendem Alter immer schwieriger wird. Unsere Großeltern waren, wenn sie sich nur ein bisschen anstrengten, noch einigermaßen in der Lage, bei den technischen Neuerungen einer sich kontinuierlich verändernden Welt auf dem Laufenden zu bleiben. Heute ist uns das ganz und gar unmöglich. Da muss man schon froh sein, wenn man von den wichtigsten Trends zumindest gehört hat. Zumal deren Bedeutung einem enormen zeitlichen Wandel unterliegt.

Beispiel Fax. Als ich irgendwann in den 1990er-Jahren in der Wohnung eines jüngeren Lehrers mit offenem Mund zusah, wie aus einem mir völlig unbekannten Gerät plötzlich etwas Gedrucktes herauskam, war ich schlichtweg baff. So funktioniere das, erklärte mir mein Kollege überlegen lächelnd, so kommuniziere man heutzutage miteinander, der umständliche und zeitraubende Versand von Schriftstücken per Post sei vorbei – vermutlich sagte er »out« –, dem Fax gehöre die Zukunft. Und heute? Gerade mal 30 Jahre später? Wer benutzt da noch ein Faxgerät? Heute ist E-Mail angesagt. Mit allen möglichen Anhängen, wobei selbst das Verschicken von Fotos und umfangreichen Videos problemlos möglich ist. Und das Ganze in Sekundenschnelle, weltweit und an beliebig viele Empfänger gleichzeitig. Für mich ein Wunder! Aber auch auf Computer und Co. komme ich noch ausführlich zu sprechen.

Fakt ist, dass Altsein noch nie so kompliziert war wie heute. Waren in früheren Zeiten die Senioren diejenigen, zu denen die Jungen bewundernd aufschauten und auf deren Rat sie große Stücke hielten, ist es heutzutage umgekehrt. Den Jungen gehört die Welt, wir Betagten werden allenfalls mitleidig belächelt. Das geht mittlerweile so weit, dass man sich manchmal regelrecht schämt, sein Alter zu nennen, so als wäre es ein selbst verschuldetes Manko. Milliarden werden für alle möglichen Methoden und Mittelchen ausgegeben, die versprechen, den Anwender optisch ein paar Jahre frischer aussehen zu lassen, und der Satz »Ich hätte sie jünger geschätzt« gilt als das ultimative Kompliment schlechthin. Und zwar schon lange nicht mehr nur für Frauen.

Als ob man mit derlei Tricksereien den altersbedingten körperlichen und geistigen Abbau, ja, sagen wir getrost Verfall, verhindern könnte. Der ja auch völlig normal, das heißt physiologisch ist. Stehen in den ersten 20 Lebensjahren Aufbau und Reifung der körperlichen Systeme im Vordergrund, so übernimmt in den letzten 20 eben das Gegenteil, der allmähliche Abbau, die Hauptrolle. Und wenn dieser Abbau so weit fortgeschritten ist, dass nichts mehr richtig funktioniert, dass das Herz nicht mehr kräftig pumpt, die Lungen nur noch mit Mühe Luft in den Körper bringen, Leber und Nieren das Blut nicht mehr ausreichend von giftigen Substanzen befreien und das Immunsystem immer häufiger schlappmacht, endet das Ganze unweigerlich mit dem Tod. So einfach ist das. Je früher wir das einsehen, desto besser. Die Kindheit bereitet uns auf das Leben vor, das Alter auf den Tod. Und weil das ebenso simpel wie unabänderlich ist, bringt es überhaupt nichts, sich darüber aufzuregen oder ständig zu lamentieren. Viel sinnvoller ist es doch, am Lebensabend die noch verbliebenen Kräfte dazu zu verwenden, sich mit den permanenten Veränderungen unserer Lebensumstände so gut wie möglich zu arrangieren. Das ist weiß Gott – denken Sie nur an die pausenlos fortschreitende Digitalisierung – schwer genug. Denn auch wenn wir uns noch so anstrengen, es wird immer mehr Dinge geben, die uns Probleme bereiten. Immer mehr, was uns ängstigt oder gar ärgert, worüber wir uns wundern oder was wir schlicht nicht mehr verstehen. Oder unverblümt gesagt: wofür wir uns zu alt fühlen.

Was uns nervt und warum

Genau genommen sind Sich-Ärgern und Genervt-Sein keineswegs ein und dasselbe. Wir ärgern uns über ein einzelnes Ereignis, einen unglücklichen Vorfall oder ein konkretes, in unseren Augen dämliches oder unhöfliches Verhalten eines anderen Menschen. Auf die Nerven geht uns dagegen erst ein wiederkehrendes Ärgernis, ein Problem, das wir gerne abstellen würden, aber aus irgendwelchen Gründen nicht können, und in Bezug auf unsere Mitmenschen die eine oder andere Person, mit der wir, warum auch immer, einfach nicht klarkommen. Ein Mensch, der uns in der Straßenbahn auf den Fuß tritt, ohne sich zu entschuldigen, ärgert uns, einer, der uns jeden Morgen albern lächelnd mit den Worten begrüßt »Na, süße Träumchen gehabt?«, der nervt.

Ein gutes Beispiel für extreme Nervensägen ist Gregor, ein Junggeselle, der in unserem Haus im zweiten Stock wohnt und mit dem zusammenzutreffen ich, wenn irgend möglich, tunlichst vermeide. Er ist Realschullehrer, schätzungsweise Mitte 30, und wenn ich ihm trotz aller Vorsicht doch einmal über den Weg laufe, fängt er unweigerlich sofort an, heftig zu jammern. Über die Scheißschule mit dem Scheißschulleiter und vor allem den Scheißschülern, die sich für nichts, aber auch gar nichts interessieren. Dabei sei Biologie doch ein hochspannendes Fach – man denke nur an Genetik, Immunsystem und Evolution –, und von Chemie keine Ahnung zu haben, könne man sich in unserer wissenschaftlich geprägten Welt einfach nicht mehr leisten. Findet jedenfalls Gregor. Natürlich solle man von Goethe, Shakespeare, Mozart und Rembrandt schon mal gehört haben, aber wer keine Ahnung von Fotosynthese, Zellaufbau und Gentechnik habe, passe einfach nicht in die moderne Zeit.

Dass ich einmal von einem Bekannten, zufällig Vater einer seiner Schülerinnen, erfahren habe, Gregor strahle nach Aussage seiner Tochter permanent eine geradezu penetrante Lustlosigkeit aus und mache einen derart stinklangweiligen Unterricht, dass ihm – wie bei einer Predigt in der Kirche – beim besten Willen niemand zuhören könne, binde ich ihm besser nicht auf die Nase. Sonst ist für mich der Tag endgültig verdorben. Zumal dann unweigerlich die mit säuerlichem Lächeln vorgetragene Anmerkung kommt, wie gut ich es als Ruheständler doch hätte, so ganz ohne Vorgesetzte, Stress und ebenso undankbare wie unbelehrbare, dazu noch katastrophal schlecht erzogene Halbwüchsige. Dann dauert es nicht mehr lang, bis er für die brutal überlasteten Lehrer den Ruhestand mit 50 fordert. Dass der Lehrerberuf jedes Jahr so viele Urlaubstage mit sich bringt wie sonst kein anderer – eine Tatsache, die mich maßgeblich bei der Berufswahl beeinflusst hat –, will er schlicht nicht gelten lassen, denn mit noch mehr Arbeitstagen wäre der Stress beim besten Willen nicht auszuhalten. Dann bin ich jedes Mal kurz davor, ihn zu fragen, warum in Gottes Namen er ausgerechnet Lehrer geworden ist. Ob ihn etwa jemand dazu gezwungen hat. Aber was soll's. Es gibt nun mal solche Null-Bock-Typen, denen es niemand recht machen kann, die an allem und jedem etwas auszusetzen haben. Und das keinesfalls nur unter uns Älteren.

Doch wenden wir uns im Folgenden Dingen zu, die uns vor allem deshalb nerven, weil wir uns von ihnen aufgrund des rasanten technischen Fortschritts schlicht überfordert fühlen. Wobei wir unser mangelndes Verständnis zweifellos noch dadurch verstärken, dass wir unsere modernen Lebensbedingungen viel zu oft mit denen unserer Kindheit und Jugend vergleichen und dabei, ob bewusst oder unbewusst, denken: »Muss das unbedingt sein? Früher ging es doch auch ohne!« Und dabei genau wissen, dass uns diese Frage überhaupt nichts nützt, sondern im Gegenteil dazu führt, dass wir uns mit jedem Jahr, das wir älter werden, den Jüngeren gegenüber unterlegen, ja oft sogar regelrecht rückständig fühlen.

Dabei gibt es doch eigentlich keinen Grund, uns unseres Altseins zu schämen, denn was wäre die moderne Welt ohne uns? Viele von uns engagieren sich in einem Ehrenamt, arbeiten bei kirchlichen Veranstaltungen mit, betätigen sich in Sportvereinen, als Wahlhelfer, im Tierschutz oder – besonders aktuell – im Rahmen der Flüchtlingshilfe. In der Zeitung liest man im Zusammenhang mit alten Menschen immer nur von Alters-, Renten- und Pflegelast, also von den Kosten und nicht auch vom unbestreitbaren Nutzen der Senioren. Warum sieht man in älteren Menschen fast ausschließlich Empfänger irgendwelcher von den Jungen zu finanzierender Leistungen und nicht auch Werte-Schaffende? Warum vernachlässigt man ihre unbestreitbare Bedeutung als Wirtschaftsfaktor? Zahlreiche produzierende Firmen sind von den Betagten abhängig, und zwar keineswegs nur im Hinblick auf Sehhilfen, Hörgeräte, Treppenlifte, Rollatoren, Inkontinenzprodukte und derlei Dinge. So manches Reiseunternehmen könnte schließen, gäbe es die unternehmungslustigen Senioren nicht. Ja, Umfragen unter Älteren haben sogar ergeben, dass nicht wenige von ihnen durchaus bereit wären, für Reisen noch deutlich mehr Geld auszugeben, wenn es mehr auf ihre speziellen Bedürfnisse zugeschnittene Angebote gäbe.

Gemäß einer Verlautbarung der Gesellschaft für Konsumforschung – das habe ich erst vor Kurzem mit großem Interesse gelesen – gehören Senioren zu den konsumfreudigsten Kundengruppen überhaupt. Der Wert der von ihnen Jahr für Jahr in Deutschland gekauften Produkte liegt bei schätzungsweise 640 Milliarden Euro. Da erstaunt es doch sehr, dass immer mehr Unternehmen ihre Erzeugnisse vor allem online anbieten und keine Zugangsalternativen für all jene bereitstellen, die weder über einen Computer noch über ein Handy verfügen oder sich mit dem Internet schlichtweg nicht auskennen. Das Familienministerium hat dieses Missverhältnis erkannt und versucht, die Senioren zu unterstützen. In seinem aktuellen Altenbericht kommt es zu dem Ergebnis, dass »die Lebensphase Alter nicht mit Krankheit und Unproduktivität gleichgesetzt werden kann, sondern Ältere – beschönigend als Silver oder Best Ager bezeichnet – bereits heute einen großen Beitrag zum gesellschaftlichen Wohlstand erbringen«.

Und man muss wahrlich kein Mathematiker, Weissager oder Wirtschaftswissenschaftler sein, um zu erkennen, dass sich die Diskrepanz zwischen Angebot und Zielgruppenbedürfnissen immer mehr verstärken wird, je mehr Senioren es im Verhältnis zur Gesamtbevölkerung gibt.

Sind Manieren heute unmodern?

Im Anfangskapitel war vom immer weiter um sich greifenden Hallo-Sagen und Duzen die Rede. Dabei kommt mir eine Unterhaltung in den Sinn, die ich vor gar nicht langer Zeit mit meinem Altersgenossen Ludwig hatte. Bis zum Eintritt in den Ruhestand war er als Diplomingenieur bei Siemens tätig, wo er, wie er mir einmal beiläufig berichtet hat, eine größere Abteilung leitete. Wir haben uns seinerzeit bei einem gemeinsamen Grundschul-Elternabend seines Sohnes Michael und meiner Tochter Kerstin kennengelernt und spontan angefreundet. Obwohl – oder vielleicht gerade weil? – seine Frau vor einigen Jahren bei einem Verkehrsunfall, über den er nicht sprechen mag, gestorben ist, hält unsere Verbindung bis heute und besteht vor allem darin, dass wir uns hin und wieder zu einem Gedankenaustausch in einem hiesigen Café treffen. So wie auch an diesem Mittwochnachmittag.

Ich bin schon etwas vor der Zeit an Ort und Stelle und werfe hin und wieder einen Blick zur Tür. Die öffnet sich irgendwann, und ein junger Mann so um die 17, 18 kommt herein. Gleich darauf betritt auch Ludwig das Lokal. Er begrüßt mich kurz, dann schimpft er plötzlich los: »Hast du das gesehen? Eine Frechheit ist das!«

»Was?«, erkundige ich mich ahnungslos und fordere ihn mit einer Armbewegung auf, sich zu mir an den Tisch zu setzen.

»Der Kerl vor mir. Hat genau gesehen, dass ich auch rein will, und knallt mir einfach die Tür vor der Nase zu. Aber so sind sie, die jungen Leute.«

Kurz bin ich versucht zu erwidern, dass ich von einem Knallen nichts gehört habe, aber das würde Ludwigs Zorn nur noch mehr anstacheln und mich vielleicht auch mit einbeziehen, also belasse ich es bei einem mitfühlenden Kopfnicken und einem gemurmelten »Ja, so sind sie halt.«

Dabei kommt mir zwangsläufig ein Spruch meines Opas in den Sinn, den ich in meiner Kindheit und Jugend zigmal von ihm hörte: »Frechheit siegt, Manieren zieren.« Den zweiten Teil deklamierten mein Bruder und ich mit der Zeit ganz automatisch, wenn Opa nur mit »Frechheit …« loslegte. Wobei er die Stirn in Falten zu legen und den rechten Zeigefinger mahnend zu heben pflegte.

Und an noch etwas anderes muss ich spontan denken: an meine ehemaligen Schüler und Schülerinnen. Vor allem, wenn wir, etwa bei einer Klassenfahrt, mehrere Tage miteinander verbrachten, fiel mir auf, wie sehr es selbst bei Jugendlichen, die aus »guten Verhältnissen« stammten und doch eigentlich eine entsprechende Erziehung genossen haben sollten, an den einfachsten Benimmregeln haperte. Das ging manchmal sogar so weit, dass ich mich beim gemeinsamen Frühstück oder Mittagessen auf einen anderen Platz setzte, weil mein Nachbar oder meine Nachbarin Kaffee oder Tee laut schlürften, beim Essen schmatzten wie Schweine am Trog und – für mich das Allerschlimmste oder, wie man heutzutage unnötigerweise sagt, das absolute No-Go – hemmungslos rülpsten. Wobei sie das zu allem Überfluss auch noch mit einem herzhaften Lacher zu unterstreichen pflegten, als sei ein solches Benehmen ein grandioser Spaß.

Ich weiß, ich bin auf dem Gebiet vielleicht ein bisschen übertrieben empfindlich, ja, vielleicht sogar altmodisch, aber man kann halt die eigene Erziehung nicht einfach ablegen wie ein Hemd oder abgetragene Schuhe. Benimmregeln, hatten meine Eltern meinem Bruder und mir von klein auf eingeschärft, waren keine Vorschriften, die man nach Belieben befolgte oder vernachlässigte, sondern immer und unter allen Umständen zu beherzigen. Wir Jungen mussten jede Begrüßung einer älteren oder höhergestellten Person mit einem deutlich ausgeprägten »Diener« und die Mädchen mit einem nicht minder tiefen »Knicks« begleiten, und wenn in der Schule der Lehrer den Klassenraum betrat, hatten wir wie von einer Sprungfeder getrieben hochzuschnellen und im Chor »Guten Morgen« zu rufen. In der Straßenbahn boten wir allen über 40-Jährigen ganz selbstverständlich unseren Platz an, und beim Essen näherten wir Gabel oder Löffel aufrecht sitzend dem Mund und nicht umgekehrt den Mund dem Essgeschirr, wobei es absolut verpönt war, dabei mit dem Ellbogen die Tischplatte zu berühren.

»So was hätte es in meiner Jugend nicht gegeben«, schimpft Ludwig weiter. »Wenn man eine Tür öffnet, hat mir meine Mutter tausend Mal eingeschärft, schaut man sich um, ob vielleicht noch jemand kommt. Und dann hält man demjenigen die Tür – mit einer einladenden Armbewegung und einer leichten Verbeugung – weit auf und geht erst nach ihm durch.«

»Ja, so kenne ich das auch«, stimme ich zu. »Und beim Essen blieb man unter allen Umständen sitzen, bis alle aufgegessen hatten. Erst danach durfte man die Eltern fragen, ob man vielleicht aufstehen könne. Wobei es dafür schon einen konkreten Grund geben musste, etwa, dass man mit den Kindern von Gästen draußen spielen wollte. Draußen, wohlgemerkt, denn das Esszimmer war für derartige Aktivitäten absolut tabu. Heute springen die Kleinen selbst in feinen Restaurants auf, kaum dass sie den letzten Bissen im Mund haben, und rennen kreuz und quer zwischen den Tischen rum. Ein Unding, wenn du mich fragst.«

Ludwig nickt eifrig. »Das Schlimmste für meine Mutter war, wenn meine Schwester oder ich bei Tisch ...« – er lächelt mich augenzwinkernd an – »... also, wenn wir bei Tisch das Messer mit der Zunge ableckten oder es gar in den Mund nahmen. Wenn sie das mitbekam, bedeutete das unweigerlich den Ausschluss von der weiteren Mahlzeit.«

»Habe ich auch schon mehrmals erlebt«, sage ich. »Ehrlich gesagt, muss man aus heutiger Sicht schon feststellen, dass die Methoden, mit denen unsere Eltern für die Einhaltung all dieser mehr oder minder sinnvollen Regeln sorgten, eine Menge mit Drill oder Dressur zu tun hatten. Mein Vater beispielsweise pflegte bei jeder noch so geringfügigen Missachtung korrekter Essmanieren mit dem Zeigefinger lautstark auf den Tisch zu klopfen. Ein Geräusch, bei dem mein Bruder und ich reflexartig zusammenzuckten, als hätten wir einen Stromstoß erhalten. Auf der Stelle verstummte jedes Gespräch, und wir saßen steif und aufrecht da wie Zinnsoldaten.«

»Ja, ja«, sagt Ludwig und nickt lächelnd. »Wenn unsere armen Eltern die Jugend von heute am Esstisch sähen, kämen sie aus dem Schimpfen, Klopfen und Aus-dem-Zimmer-Schicken gar nicht mehr heraus. Schau doch mal das Mädchen da drüben ...« Mit einer Kopfbewegung deutet er auf einen Tisch uns schräg gegenüber.

»Ich weiß, was du sagen willst«, unterbreche ich ihn. »Dir missfällt, dass sie mit vollem Mund trinkt. Aber das tun heutzutage viele. Ist ja, ehrlich gesagt, auch nicht unpraktisch. Da rutscht das Essen doch gleich viel besser runter.« Ich warte sein halb zustimmendes, halb zweifelndes Nicken ab und fahre fort: »Nicht alles, was man uns in puncto gutes Benehmen eingetrichtert hat, war, wenn man es kritisch beurteilt, unbedingt sinnvoll. Zum Beispiel das schon erwähnte Verbot, beim Suppenlöffeln mit dem Ellbogen die Tischplatte zu berühren. Ich meine nicht sich aufzustützen, sondern wirklich nur einen minimalen Kontakt herzustellen. Wen soll das denn bitte stören beziehungsweise wer hat etwas davon, wenn man das nicht tut?«

»Das ist schon richtig«, stimmt Ludwig zu. »Aber viele Benimmregeln hat man uns, als wir Kinder waren, derart eingetrichtert und zumindest in meinem Fall manchmal sogar im wahrsten Sinn des Wortes eingebläut, dass wir die nur noch schwer oder gar nicht mehr aus dem Kopf bekommen. Bei mir ist so ein rotes Tuch zum Beispiel, den freien Unterarm quer vor sich auf den Tisch zu legen, wenn man den beim Essen gerade nicht braucht. Falls ich das bei jemandem sehe, vergeht mir regelrecht der Appetit. Da kann ich mir noch so oft sagen, dass der- oder diejenige damit doch niemanden in irgendeiner Weise beeinträchtigt.«

»Für mich ist das Allerschlimmste«, ergänze ich, »wenn jemand bei einer Mahlzeit das Essen mit den Fingern berührt oder es gar damit auf die Gabel schiebt.« Ich lächle Ludwig achselzuckend zu. »Wobei, das sage ich ganz ehrlich, meine Enkel das mit Vorliebe tun. Dann muss ich mich jedes Mal so was von beherrschen, um nichts zu sagen, und frage mich, ob wir bei der Erziehung unserer Tochter oder unseres Sohnes vielleicht zu nachlässig waren. Von Ella und mir haben die so was jedenfalls nicht.«

Ludwig nickt nachdenklich. »Ja, man glaubt, man müsse den eigenen Kindern in puncto Benimm nur ein gutes Vorbild sein, dann würde das auf die Jungen abfärben, aber dem ist leider nicht so. Ich zum Beispiel habe meiner Frau jedes Mal den Mantel gehalten, wenn sie einen anziehen wollte. Und was macht mein lieber Sohn? Steht beim Abschiednehmen direkt neben seiner Britta und denkt gar nicht daran, ihr beim Inden-Mantel-Schlüpfen behilflich zu sein. Wenn ich das sehe, muss ich schwer an mich halten, um nicht lauthals loszumeckern.«

»Geht mir ganz genauso«, nicke ich. »Mag ja sein, dass es nicht mehr modern ist, die eigene Ehefrau höflich und zuvorkommend zu behandeln. Dass man damit vielleicht sogar ihr Selbstwertgefühl untergräbt. Wenn ich auch noch nie erlebt habe, dass eine Frau, der ich in den Mantel geholfen habe, sich deswegen beschwert hat. Im Gegenteil.«

»Gutes Benehmen scheint tatsächlich nicht mehr up to date zu sein«, stimmt Ludwig zu. »Wir hatten's doch gerade vom Tür-Offenhalten. Das scheint heute offenbar genauso aus der Mode gekommen wie das Aufstehen in Bus oder Straßenbahn, wenn sich ein alter Mensch nähert.« Er macht eine nachdenkliche Pause. »Insofern dürfte ich dem Kerl, der mir vorhin die Tür vor der Nase zugeknallt hat, vielleicht gar nicht böse sein. Der denkt sich wahrscheinlich überhaupt nichts dabei. Kennt das schlicht nicht anders.«

Ich trinke – selbstverständlich stumm und mit geschlossenem Mund – einen Schluck Kaffee und murmle dann nachdenklich: »Na ja, mit dem Platz-Anbieten ist das ja, ehrlich gesagt, auch so eine Sache. Denn …«

»Ich weiß, was du meinst«, fällt Ludwig mir lächelnd ins Wort. »Dass wir uns nämlich heimlich davor fürchten, ein Junge oder ein Mädchen könnte für uns seinen Platz freimachen. Weil uns das unmissverständlich vor Augen führt, dass man uns für alt hält. Wo wir doch fest davon überzeugt sind, viel jünger auszusehen, als wir sind. Deshalb bin ich in einer vollen Straßenbahn jedes Mal froh, wenn mich niemand beachtet und keiner Anstalten macht, mir irgendwie behilflich zu sein. Als Mann ist es ja noch viel peinlicher, wenn deinetwegen jemand aufsteht, weil du dich dann nicht damit herausreden kannst, das täte der- oder diejenige grundsätzlich bei Frauen jenseits der 40.«

»Ist ja eigentlich total unlogisch«, kommentiere ich nickend. »Einerseits beklagen wir uns, wenn Jüngere uns Ältere nicht rücksichtsvoll als Respektspersonen behandeln, andererseits wollen wir aber genau das gar nicht sein.«

Ludwig lacht auf. »Mir ist da mal – ist schon 'ne Weile her – was ganz Witziges passiert. Ich bin gerade in einen Bus eingestiegen, und als ich ein Stück weiter nach vorne gehe, springt plötzlich ein Mann auf. So Mitte 40, mit Vollbart. Ich bin total erschrocken. So viel älter als der war ich ja schließlich auch nicht. Doch dann habe ich mich zum Glück umgeblickt. Und wer kommt da hinter mir hergewatschelt? Eine Hochschwangere mit gewaltigem Kugelbauch. Die hat geschnauft wie ein Wasserkocher und war total dankbar, dass sie sich setzen konnte. Wobei in dem Bus …«

»Ich kann mir schon denken, was jetzt kommt«, unterbreche ich ihn. »Wobei in dem Bus mit Sicherheit auch ein paar Jüngere, wenn nicht gar Kinder, waren. Und die sind fett sitzen geblieben. Obwohl sie den Zustand der armen Frau mit Sicherheit auch bemerkt haben. Stimmt's?«

Ludwig nickt. »Genau. Womit wir wieder beim Thema wären.«

Erneut nehme ich einen Schluck Kaffee, bevor ich weiterspreche. »Da fällt mir noch etwas ein, was mir schwer auf die Nerven geht. Obwohl es möglicherweise sogar als Kompliment gemeint ist.«

Ludwig grinst. »Lass mich raten.«

»Und?«

»Wenn dich jemand, etwa eine Kassiererin oder, weil wir gerade beim Busfahren sind, ein Kontrolleur, mit ›Junger Mann‹ anspricht. Das ist mir erst letzte Woche wieder passiert. ›Und, junger Mann, was soll's sein?‹, hat mich eine Verkäuferin in der Bäckerei gefragt. Ich wollte sie schon anfahren, dass das keinesfalls höflich, sondern hochgradig herablassend klingt, aber dann habe ich mir auf die Zunge gebissen, weil sie das vermutlich aus reiner Gewohnheit hundert Mal am Tag sagt.«

»So wie in den USA«, ergänze ich. »Da fragt dich jeder, mit dem du irgendwie zu tun hast, geradezu reflexhaft, wie's dir geht. Obwohl ihm das mit Sicherheit vollkommen schnuppe ist. Was du im Übrigen sofort daran merkst, dass der Typ total aus dem Konzept kommt, wenn du dich deinerseits nach seinem Befinden erkundigst.«

»Das ist ja alles auch wirklich nicht tragisch«, nicke ich. »Und dass wir uns über derlei Dinge aufregen, liegt ja im Grunde nur an unserer eigenen rigiden Erziehung. Die gibt es in dieser Strenge und Konsequenz heute schlicht nicht mehr. Und wenn wir ganz ehrlich sind, sind etliche der Benimmregeln, mit denen uns unsere Eltern traktiert haben, auch schlicht überholt. Womit ich mich allerdings nie werde abfinden können, ist, wenn andere mich, nur weil ich schon älter bin, nicht ernst nehmen oder sich gar über mich lustig machen.«

Ludwig nickt eifrig. »Da hast du recht. Oder wenn sie sich erdreisten, alten Menschen deren körperliche und geistige Mängel offen vorzuhalten. So, als wären die selbst daran schuld. Mein Opa wurde zum Beispiel im Alter immer schwerhöriger, und oft hat er auf eine Frage, die er nicht verstand, vollkommen unpassende Antworten gegeben. Das war manchmal sogar echt lustig, und trotzdem hätte ich mich nie erdreistet, darüber zu lachen. Oder ihn – und das werfe ich heute vielen Jungen vor – in irgendeiner Weise herablassend oder gar entwürdigend zu behandeln. Mein Opa war für mich eine absolute Respektsperson, die ich immer und überall als solche behandelt habe. Was nicht heißt, dass mein Bruder und ich in seiner Gesellschaft immer todernst gewesen wären und uns nicht getraut hätten zu lachen. Dazu hatte der Opa selbst viel zu viel Humor. Was meine Enkel angeht, so dürfen die mich, wenn es dafür einen Anlass gibt, ruhig mal veralbern, aber alles mit Maß und Ziel.«

Beim Wort »Humor« muss ich unwillkürlich grinsen, und Ludwig fragt mich, was denn so lustig sei.

»Mein Opa hatte ein Hörgerät«, erzähle ich. »Ein aus heutiger Sicht altmodisches Ding, dessen Empfindlichkeit er ja nach herrschender Lautstärke permanent neu einstellen musste. Und manchmal, wenn mein Bruder und ich mal wieder mit ihm Schafkopf spielten, haben wir uns zugezwinkert und dann immer leiser gesprochen. Woraufhin der Opa, weil er nichts mehr verstand, prompt an seinem Hörgerät rumgefummelt hat. Und wenn er das dann voll aufgedreht hatte, haben wir plötzlich laut losgeschrien. Dann ist der gute Mann jedes Mal furchtbar erschrocken und hat sich beeilt, seinen Apparat wieder runterzuregeln.«

Ludwig lacht laut auf. »Ist ja gemein. Der arme Opa.«

Ich nicke. »Wir haben das immer wieder mal gemacht und total lustig gefunden. Aber seitdem habe ich mich schon öfter gefragt, ob er unsere fiese Aktion wohl mal durchschaut hat. Gesagt hat er jedenfalls nie etwas. Doch mir ist aufgefallen, dass er uns irgendwann, wenn wir immer leiser geworden sind, einfach hat machen lassen, ohne sein Hörgerät nachzuregulieren. Vermutlich hat er zumindest etwas geahnt.«

Wir schweigen eine Weile. Jeder ist tief in Gedanken versunken. Dann lächeln wir uns verständnisinnig zu. Manieren zieren tatsächlich, darüber sind wir uns einig.

Armer Goethe

Im Fernsehen läuft heute Abend mal wieder die beliebte Sendung, in der Abordnungen zweier Städte gegeneinander antreten. Bei sportlichen Herausforderungen, Quizfragen und Geschicklichkeitsübungen geht es um den Gewinn eines Pokals und – für die beteiligten Städte mit Sicherheit erheblich bedeutsamer – um 10 000 Euro für die Gemeindekasse. Durch die Sendung führt die bekannte Moderatorin Helga-Johanna Beierstein-Liebstöckel, die dafür bekannt ist, wo immer möglich die Bedeutung der weiblichen Mannschaftsmitglieder zu betonen, indem sie diese jedes Mal ausdrücklich anspricht. Doch heute ist das alles andere als einfach. Weil nämlich an diesem Abend zwei Teams aus Castrop-Rauxel und Eggenstein-Leopoldshafen, also Castrop-Rauxeler und Castrop-Rauxelerinnen sowie Eggenstein-Leopoldshafener und Eggenstein-Leopoldshafenerinnen, gegeneinander antreten. Mit der Folge, dass sich die Kommentatorin mehr als einmal gehörig verhaspelt. In ihrer Not versucht sie schon bald, die Städtenamen zu vermeiden und nur noch von Mannschaften zu sprechen. Doch damit ergibt sich für sie das Dilemma, dass sie mit dieser Bezeichnung gerade die Damen außen vor lässt. Und genau das will sie ja offensichtlich vermeiden. Also spricht sie fortan von Mann-Frauschaften, was, wie Ella und ich einmütig finden, auch nicht gerade das Gelbe vom Ei ist. Und einmal rutscht ihr bei einer besonders akrobatischen Darbietung einer Eggenstein-Leopoldshafenerin ein bewunderndes »Mann o Mann!« heraus. Man hört geradezu, wie sie zusammenzuckt, und wartet automatisch auf ein ergänzendes »Frau o Frau!«. Doch das scheint selbst Frau Beierstein-Liebstöckel zu dämlich zu sein, deshalb begnügt sie sich mit einem verlegenen Räuspern.

Sie merken schon, es geht um das sogenannte Gendern oder um die zurzeit überall heftig diskutierte, weil ja für uns alle existenziell so ungemein bedeutsame Frage, wie man traditionell männliche Bezeichnungen für geschlechtlich gemischte Gruppen weiblicher machen kann. Wobei ich als ehemaliger Deutschlehrer der Ansicht bin, das funktioniert nun mal nur, indem man, wie bei besagten Castrop-Rauxelern und Castrop-Rauxelerinnen, explizit beide Geschlechter benennt. Denn die immer wieder zu hörende Kunstform Castrop-Rauxeler-innen mit deutlicher Pause vor dem innen klingt doch, seien wir ehrlich, hochgradig albern. Wobei man diese ja wahlweise auch mit eingeschobenem Sternchen *, Unterstrich _ oder Doppelpunkt : schreiben kann. Für mich eines so unnötig wie das andere. Mit dem Fachausdruck bezeichnet man solch eine an Stottern oder Schluckauf erinnernde Kunstpause zwischen zwei Wortteilen übrigens als »Glottisschlag«. Wenn ich so etwas höre, muss ich unwillkürlich an Sprachgenies wie Schiller, Heine und vor allem Goethe denken. Die würden sich, müssten sie so etwas lesen oder – noch schlimmer – hören, mit Sicherheit laut stöhnend im Grab umdrehen. Aber wohin selbst die permanente Doppelnennung der Geschlechter führt, beweist ebenso eindrucksvoll wie abstoßend das Schulgesetz von Rheinland-Pfalz: Die Wortgruppe »Schüler und Schülerinnen« findet sich dort – unnötig textverlängernd – nicht weniger als 239-mal. Und das, obwohl nach aktuellen Umfragen 80 Prozent der Erwachsenen die komische Gendersprache ablehnen und nur 18 Prozent – vermutlich in erster Linie eingefleischte Feministinnen – explizit dafür sind. Fakt ist jedenfalls, dass es in Bayern seit einiger Zeit für amtliche Verlautbarungen ein explizites Genderverbot gibt.

Apropos unnötig textverlängernd: Solange ich noch unterrichtet habe, habe ich meinen Schülern und Schülerinnen (!) jedes Jahr dem Lehrplan entsprechend das sogenannte generische Maskulinum beigebracht, eine zwar formal männliche, aber von der Bedeutung her eindeutig geschlechtsneutrale Bezeichnung, wie man sie zum Beispiel von Berufsbezeichnungen wie Lehrer, Schlosser, Soldat oder Bäcker kennt. Und natürlich auch von dem Wort »Einwohner«. Heutzutage kritisieren manche Frauen diese Begriffe als diskriminierend und beklagen, sich dadurch ausgegrenzt zu fühlen. Für mich ist das allein schon deshalb ausgemachter Blödsinn, weil es das generische Maskulinum gibt, seit ich denken kann. Dazu eine kurze Frage: »Wie viele Einwohner hat Deutschland?« Etwa 84 Millionen, denken Sie? Ganz falsch! Es sind gerade mal rund 42 Millionen. Der Rest sind nämlich Einwohnerinnen.

Genauso große Schwierigkeiten habe ich mit dem geschlechtsneutralen Partizip Präsens auf -nd. Dessen Verwendung macht die Sprache für mich nicht nur unnötig holprig, sondern ist in vielen Fällen schlicht falsch. Insofern weigere ich mich als überzeugter Sprachstilist konsequent, etwa anstelle des jahrhundertealten Begriffs »Studenten« neuerdings »Studierende« zu sagen. Dasselbe gilt für Forschende, Lehrende, Mitarbeitende und Teilnehmende. Wahrscheinlich sollen wir demnächst sogar Wissenschaffende statt Wissenschaftler sagen. Für mich ist das allein schon deshalb Blödsinn, weil das Partizip Präsens -nd doch eindeutig eine momentan ausgeübte Tätigkeit bezeichnet. Ein Forscher ist nur ein Forschender, solange er gerade mit einer Untersuchung beschäftigt ist, ein Musizierender spielt aktuell ein Instrument, ein Lehrender bringt gerade jemandem etwas bei, und ein Trinkender verleibt sich eine Flüssigkeit ein. Demnach ist ein Studierender jemand, der momentan, also ganz aktuell, dabei ist zu studieren, das heißt an einer Universitätsveranstaltung teilzunehmen oder zu lernen. Während ein Student schon dann einer ist, wenn er bloß an einer Hochschule eingeschrieben ist. Fährt ein Student Auto, ist er nach wie vor ein Student, aber doch mit Sicherheit gerade kein Studierender. Was natürlich für Forschende und Lehrende genauso gilt. Trinken die ein Bier zusammen, sind sie zwar Bier trinkende Forscher und Lehrer, aber doch keine Bier trinkenden Forschenden und Lehrenden. Von toten Studierenden, Forschenden und Lehrenden ganz zu schweigen.

Für die Diskrepanz mit dem Partizip Präsens bin ich selbst geradezu ein Paradebeispiel. Ich trällere nämlich bei allen möglichen Tätigkeiten gern ein Liedchen vor mich hin. In solchen Momenten bin ich ja wohl zweifelsfrei ein Singender. Mich aber deshalb gleich als Sänger zu bezeichnen, wäre die Übertreibung des Jahrhunderts. Mittlerweile sind wir ja sogar schon so weit, dass man nicht mehr Rednerliste sagen darf, weil es doch auch Rednerinnen gibt. Deshalb verwenden einige besonders Pingelige das Wort Redeliste. Oder Zigarettenstatt Raucherpause. Neulich habe ich in den Fernsehnachrichten sogar das Wort »Wahlverzeichnis« gehört, mit dem derjenige, der den Text verfasst hat, wohl das Wort »Wählerverzeichnis« umgehen wollte. Dabei ist ein Verzeichnis von Wahlen, also von Abstimmungen über die Zusammensetzung bestimmter Gremien, doch eindeutig etwas ganz anderes als ein Verzeichnis von Wählern, also Personen.

Insofern spricht mir der Verein Deutsche Sprache aus dem Herzen, in dessen Stellungnahme das Gendern als »Zwangssexualisierung der deutschen Sprache« bezeichnet wird. Und weil sich neuerdings sogar im Duden ein Kapitel »Geschlechtergerechter Sprachgebrauch« findet, hat besagter Verein einen Aufruf unter dem Titel »Rettet die deutsche Sprache vor dem Duden!« gestartet. Also meine volle Unterstützung haben die! So, wie mir auch die bekannte Literaturkritikerin, Autorin und Altersgenossin Elke Heidenreich aus der Seele spricht, die zum Gendern in einem Zeitungsinterview Folgendes gesagt hat: »Ich kann es auf den Tod nicht leiden, die Sprache so zu verhunzen. Ich bin vehement dagegen und lade gern den Zorn der ganzen Nation dafür auf mich – ist mir vollkommen egal. Ein Künstler ist ein Künstler, egal ob männlich oder weiblich.«

Da sind wir Senioren und Seniorinnen (!) doch fein raus. Generell finde ich nämlich, dass es zu den erfreulichsten Privilegien des Älterwerdens gehört, so einen Unfug nicht mehr mitmachen zu müssen, ja sich sogar hemmungslos darüber belustigen zu dürfen. Zumal wir in der heutigen Zeit weiß Gott jede Menge andere Probleme haben. Denken Sie nur an den Klimawandel, das Artensterben, die Plastikvermüllung der Meere oder an Krieg, Hunger und Massenflucht überall auf der Welt, um nur die gravierendsten zu nennen. Wenn ich in den Nachrichten höre und sehe, dass sich in Erdbeben- oder Kriegsgebieten Ärzte rund um die Uhr verzweifelt darum bemühen, das Leben möglichst vieler Betroffener mit vollkommen unzureichenden Mitteln zu retten, ist es mir jedenfalls so etwas von egal, ob dabei Mediziner oder Medizinerinnen in der Mehrzahl sind. Hauptsache, sie haben Erfolg!

Zu dem Thema abschließend noch eine nette Begebenheit aus meiner früheren Lehrerzeit, die hierher passt wie die berühmte Faust aufs Auge: Als ich einmal eine Schülerin kurz vor der Abschlussprüfung fragte, was sie anschließend vorhabe, antwortete sie mir strahlend: »Ich habe mich für ein Handwerk entschieden. Ich werde Schreiner.«

Glauben Sie im Ernst, das Mädchen hat die Absicht, vor Berufsbeginn noch eine Geschlechtsumwandlung vornehmen zu lassen?

Fast noch schlimmer als das alberne Gendern finde ich die geradezu inflationär verwendeten Anglizismen überall. Warum muss ein Firmenvorstand heutzutage CEO, also »Chief Executive Officer«, genannt werden und ein Personalchef »Human Resource Manager«? Warum ist ein von mehreren genutzter Arbeitsraum neuerdings ein »Co-Working-Space« und warum eine Fälschung ein »Fake«? Und warum muss das neue Gerät im Rathaus, in dem man sein Foto, seine Fingerabdrücke und seine Unterschrift registrieren kann, unbedingt »Speed Capture Kiosk« heißen?

Sicher, auch in anderen Sprachen gibt es Fremdwörter, die den Einheimischen mit der Zeit zur Gewohnheit geworden sind. So empfindet längst kein Brite Begriffe wie Kindergarten, Lederhose oder Rucksack mehr als unenglisch. Und ich bin der Letzte, der ernsthaft verlangen würde, anstelle von Jeans Nietenhosen zu sagen oder eine Mailbox elektronisches Postfach zu nennen. Aber was war an dem guten alten Schlussverkauf so schlecht, dass man neuerdings nur noch von »Sale« spricht und das Wort sogar hemmungslos mit einem deutschen Vorsatz versieht? »Sommersale« und »Wintersale«, ja, geht's noch? Wobei ich neulich irgendwo sogar die absurde Steigerung »Kids Sale Inside« gelesen habe. So als würden im Ladeninneren Kinder zu Vorzugspreisen verkauft. Glaubt denn im Ernst jemand, so ein Blödsinn würde in irgendeiner Weise den Absatz fördern?

Geradezu grotesk wird die Sache, wenn wir englisch klingende Begriffe verwenden, die es im wirklichen Englisch gar nicht gibt. Das bereits erwähnte Handy etwa. Wenn man einem Briten erklärt, man suche nach seinem Handy, hat der keine Ahnung, was man meint. Weil die Dinger in Großbritannien »mobile phone« oder »cell phone« heißen. Doch sogar das lässt sich noch toppen. Nämlich durch die in den letzten Jahren vor allem bei Sportveranstaltungen populär gewordene Bezeichnung »Public Viewing«. Erklärt man in England jemandem, man gehe jetzt zum Public Viewing, denkt der mitnichten, man wolle inmitten Gleichgesinnter jubelnd die eigene Mannschaft anfeuern, sondern glaubt vielmehr, man sei auf dem Weg ins Leichenschauhaus. Public Viewing bedeutet nämlich schlicht Leichenschau. Das kann ganz schön peinlich werden. Das Blödeste, was ich in dieser Hinsicht bisher gesehen habe, war jedoch ein Schild an einer Bäckerei in einem kleinen Nest hier in der Nähe »Alle Kuchen auch to go«. Da fragt man sich schon: Geht's noch dämlicher? Da ist man doch froh, nicht mehr zu den Jungen zu gehören. Denn von uns Senioren verlangt Gott sei Dank niemand, dass wir uns derart bescheuert ausdrücken.

Und dann die Werbung! Genauer gesagt: die jeweils letzten Sätze. Warum müssen die unbedingt englisch sein? Will man damit die Internationalität der angepriesenen Marken betonen? Wo doch seit Langem bekannt ist, dass viele und speziell ältere Menschen den Sinn derartiger Sprüche oft ganz falsch auffassen. Erst letzte Woche habe ich gelesen, dass gemäß einer aktuellen Untersuchung 60 Prozent der Deutschen überhaupt kein Englisch verstehen. Und von den restlichen 40 Prozent sind noch immer viele mit dem Verständnis englischer Werbebotschaften überfordert. Vor allem, wenn die alles andere als klar formuliert sind. Sicher erinnern Sie sich an den Spruch der Parfümeriekette Douglas: »Come in and find out«. Umfragen unter Kunden haben ergeben, dass gar nicht so wenige den Satz keineswegs im Sinn von »Komm herein und finde heraus, was dir gefällt« verstanden haben, sondern ihn mit »Komm rein, finde aber auch wieder raus« übersetzten. Das klang fast wie ein Rausschmiss. Was ja ganz sicher nicht im Sinne des Erfinders war und die Werbeagentur ziemlich schnell dazu veranlasste, die missverständliche Aufforderung durch das zwar weniger exotische, dafür aber problemlos zu verstehende Motto »Douglas macht das Leben schöner« zu ersetzen.

Oder denken Sie an den früheren Sat1-Spruch »Powered by emotions«. Der wurde von etlichen Zuschauern mit »Gepudert von Gefühlen« und von manchen sogar mit »Kraft durch Freude« übersetzt. Zum Glück haben die Verantwortlichen das relativ schnell erkannt und den Slogan – auch so ein neumodischer Begriff – in »Sat1 zeigt's allen« geändert. Den kapiert man wenigstens. Wobei es ein Werbespruch-Missverständnis gibt, das für mich alle anderen in den Schatten stellt. Als nämlich die Citibank mit dem Spruch »Where Money Lives« um neue Kunden warb, ergaben Umfragen, dass so mancher das mit »Wer liebt Geld?« oder, noch besser, mit »Wo Manni lebt« übersetzt hat. Womit er verständlicherweise ebenso wenig anfangen konnte wie mit der Esso-Botschaft »We are drivers too«. Mit dem sollte ja wohl ausgedrückt werden, dass die Produktentwickler Autofahrer wie du und ich sind, und keinesfalls, dass sie nur zu zweit unterwegs sind. Wenn ich so etwas lese, frage ich mich unwillkürlich, warum eigentlich keine Werbeagentur auf die Idee kommt, die bescheuerten Englisch-Sätze vielleicht mal wieder durch so schöne deutsche zu ersetzen wie früher »Nicht ohne Grund ist Juno rund« oder –

für mich der absolute Knüller – »So wichtig wie die Braut zur Trauung ist Bullrichsalz für die Verdauung.«

Und noch etwas fällt mir an der deutschen Sprache von heute auf – etwas, das man so gut wie ausschließlich von jüngeren Menschen hört und meine Altersgenossen, wie ich von einigen zuverlässig weiß, jedes Mal schmerzhaft zusammenzucken lässt: die neumodische Verwendung des Wortes »erinnern«. Ob die Jungen das schick finden oder sich freuen, wenn sie zwei Wörter einsparen, fest steht, dass man immer öfter nicht mehr »Ich erinnere mich an dieses oder jenes«, sondern stattdessen nur »Ich erinnere etwas« hört und liest, also ohne die Präposition »an« und das Reflexivpronomen »sich«. Wobei ich sogar davon überzeugt bin, dass sich diese Form mit der Zeit durchsetzen wird. Für mich Alten ein schrecklicher Gedanke. Der übrigens – immerhin war ich mal Deutschlehrer – bedeutet, dass »erinnern« wegen des folgenden direkten Objekts zu einem sogenannten transitiven Verb wird. Und ein solches lässt sich laut deutscher Grammatik grundsätzlich ins Passiv setzen. Weshalb man etwa anstelle von »Er ruft das Kind« auch »Das Kind wird von ihm gerufen« sagen kann. Sie verstehen, was ich meine? Für das Wort »erinnern« bedeutet das, dass etwa eine Frau nicht nur ein Ereignis erinnern kann, sondern dass es auch möglich sein muss zu sagen: »Das Ereignis wird von ihr erinnert.«

Vielleicht steht dereinst in meiner Traueranzeige als gut gemeinter Nachruf: »Er wird von uns immer gerne erinnert werden.« Welch schauderhafte Vorstellung!

Aber grundsätzlich ist Sprache nun einmal nichts Starres, Unveränderliches. Sie entwickelt sich ständig weiter, neue Wörter kommen hinzu, andere verschwinden. Man muss sich nur mal die Luther'sche Bibelübersetzung ansehen. Die ist zwar 500 Jahre alt, aber es erstaunt doch, wie sehr sich Vokabular und Grammatik seither verändert haben. Manches kann man nur noch mit größter Mühe, anderes praktisch gar nicht mehr verstehen. Insofern wird an der Formulierung »etwas erinnern« mit Sicherheit bald niemand mehr Anstoß nehmen – nicht einmal ein Ex-Deutschlehrer.

Man denke nur an die ständig wechselnden Jugendwörter. Nirgendwo sonst wird die Lebendigkeit gesprochener Sprache so offensichtlich. Auch wenn ich vieles, ach was, das meiste davon schlicht nicht verstehe. Doch das haben unsere Eltern und Großeltern früher von unserem Kauderwelsch auch schon gesagt. »Hermann, drück dich gefälligst verständlich aus!«, bekam ich von meinem Großvater mehr als einmal zu hören. Und hätte ich ein auffälliges, PS-starkes Auto eine »geile Karre« genannt, mein Vater hätte mir eine runtergehauen. »Geil« war absolut verpönt, ein Wort, das meine Mutter mit einem entsetzt hervorgestoßenen »Pfui! Das sagt man nicht!« kommentiert hätte. Aber ich glaube, darin, dass die Alten sie nicht verstehen, liegt ja für die Jungen gerade der Reiz an der Sache.

Wenn wir etwas großartig fanden, nannten wir es »knorke«, und ein attraktives Mädchen war eine »Flamme« oder, mit abwertendem Unterton, eine »Schnalle«. Heute sprechen die Jungen bei erfreulichen und vor allem erstaunlichen Dingen von »krass« und »mega« und bei einem flotten Mädchen von »Chaya« und »Chica«, um nur zwei Varianten zu nennen. Obwohl ich als ehemaliger Lehrer halbwüchsiger Schüler und Schülerinnen naturgemäß mit derlei Wörtern relativ häufig konfrontiert wurde und mir einbildete, die meisten davon zumindest halbwegs zu kennen, unterlief mir doch immer wieder mal ein peinliches Missverständnis. So etwa, als einer meiner Enkel beim gemeinsamen Fernseh-Fußballschauen den jämmerlich missglückten Torschuss eines Spielers mit einem verächtlichen »So ein Vollpfosten!« kommentierte. Da dachte ich, das gebe ich ehrlich zu, sofort an die Torkonstruktion und fragte mich, ob man die als Fernsehzuschauer überhaupt beurteilen könne. Nachzufragen traute ich mich nicht, man will ja schließlich nicht für rückständig oder ahnungslos gehalten werden.

Dass ich mit meiner Interpretation offensichtlich falsch gelegen hatte, zeigte sich dann ein paar Wochen später wieder bei einem Fußballspiel, bei dem meine drei Enkel den Schiedsrichter noch vor dem Anstoß einmütig als Vollpfosten bezeichneten. Seither habe ich die Bezeichnung für einen unfähigen, trotteligen Menschen mehrfach gehört. Wie es ja überhaupt oft so ist, dass man ein unbekanntes Wort, kaum weiß man, was es bedeutet, andauernd zu hören meint. Haben Sie sicher auch schon erlebt.

Wobei manche Jugendwörter ja noch halbwegs selbsterklärend sind. Dass etwa »goofy« für »tollpatschig« steht, kann eigentlich nur jemanden erstaunen, der noch nie *Micky Maus* gelesen hat. Aber als Enkel Niklas eine Äußerung seines Vaters mit »cringe« kommentierte, kam mir spontan das alte Wort »kringelig« in den Sinn. Und da ich das nur aus dem Ausdruck »sich kringelig lachen« kannte, dachte ich, mein Schwiegersohn hätte in den Augen seines Sprösslings etwas überaus Witziges gesagt, und habe daher pflichtschuldig gelacht. Dass ich mit meiner Reaktion total danebenlag, merkte ich sofort, als mich alle Anwesenden so komisch ansahen und ein Enkel sogar verständnislos den Kopf schüttelte. Heute weiß ich, dass »cringe« so viel bedeutet wie »peinlich«, und das werde ich wohl auch nicht mehr vergessen.

Ein Missverständnis unterlief mir sogar noch viel später, als mir meine Enkelin Kara auf meine per WhatsApp – auf den Nachrichtendienst komme ich noch zu sprechen – geäußerte Bitte, ihren Eltern etwas von mir auszurichten, mit »oke« antwortete. Da sträubten sich bei mir geradezu reflexartig sämtliche Haare, und ich konnte gar nicht anders, als Kara freundlich, aber bestimmt darauf hinzuweisen, dass es, wenn man schon das schöne deutsche »in Ordnung« vermeiden wolle, »okay«, mit -ay am Ende, heißen müsse. Das sei ihr durchaus bekannt, antwortete sie, aber heute schreibe man auf Messenger-Diensten nicht mehr »okay«, sondern »oke«. Da war ich ja schön ins Fettnäpfchen getreten und schrieb Kara kleinlaut zurück, das würde ich mir für die Zukunft merken. Was sie wiederum mit einem knappen »oke« quittierte. Dabei ging mir spontan die Frage durch den Kopf, warum sie, wenn sie schon unbedingt Buchstaben sparen wollte, nicht noch kürzer »ok« geschrieben hatte.

Dass ich mit dieser Überlegung keineswegs richtig lag, erklärte mir ein paar Tage später ein noch junger Lehrer für Deutsch und Geschichte, mit dem ich bei einem Schuljubiläum – daran dürfen auch wir Ehemaligen teilnehmen – ins Gespräch kam. Nach seiner Meinung haben die verschiedenen Schreibweisen nämlich durchaus unterschiedliche Bedeutungen. Während »ok« so viel wie »Ich hab's gelesen. Jetzt lass mich bitte in Ruhe« ausdrückt, hat das altbekannte »okay« einen negativen Beiklang und heißt etwa »Ist schon gut, mir geht's schlecht, vielen Dank für dein Mitgefühl«. »Oke« schließlich steht für »Danke für die Mitteilung, ich habe mich darüber gefreut«.

Na ja, musste ich bei dem Junglehrer-Vortrag unwillkürlich denken, ob die Jungen und Mädchen beim WhatsApp-Tippen wirklich so weit denken? Wo sie doch nach meiner langjährigen Erfahrung schon mit weitaus geläufigeren deutschen Wörtern erhebliche Schwierigkeiten hinsichtlich des korrekten Gebrauchs haben. Oke?

Weil wir gerade bei der deutschen Sprache sind, kann ich nicht umhin, noch ein paar Worte über die zwar nicht mehr ganz junge, dafür aber nach wie vor in vielerlei Hinsicht unlogische Rechtschreibreform loszuwerden. Dass seither bei kurz gesprochenem Vokal ein nachfolgendes ß zu ss geworden und man »Tipp« mit Doppel-p schreibt, kann ich ja vielleicht noch nachvollziehen. Wobei ich sogar der radikalen Auffassung zuneige, das ß ganz aus der deutschen Sprache zu tilgen. In der Schweiz gibt es das schließlich auch nicht, und niemand beklagt sich darüber. Aber warum man »zufrieden stellen« in der Getrenntschreibung als Alternative zulässt, während man »bereitstellen« und »klarstellen« zusammenschreiben muss, hat mir bislang ebenso wenig jemand erklären können wie, warum »rau« sein End-h verloren, »roh« das seine aber behalten hat oder wieso man jetzt zwar »Ketschup«, aber nicht, was absolut folgerichtig wäre, gleich »Ketschap« schreiben darf. Na ja, lassen wir das.

Was soll das?!

Bei einem Volkshochschulkurs für italienische Konversation habe ich vor ein paar Wochen einen Bekannten wiedergetroffen, dem ich lange nicht mehr begegnet war. Ein mittelgroßer, hagerer, fast kahlköpfiger Mann mit auffällig vielen Falten im Gesicht. Zum Glück fiel mir spontan ein, dass er Horst heißt und früher bei der hiesigen Volksbank gearbeitet hat. Er ist, wie ich mich noch erinnere, drei bis vier Jahre älter als ich, verwitwet und lebt, sofern sich daran seit unserer letzten Begegnung nichts geändert hat, ganz allein in einer Drei-Zimmer-Wohnung. Seinerzeit habe ich ihn dort einmal besucht, und wir haben uns gegenseitig bei einem Bier Vokabeln abgefragt. Offensichtlich ist die Liebe zur klangvollen italienischen Sprache bei ihm noch genauso intakt wie bei mir.

Als er mich sah, hat er mich überaus freundlich angelächelt und mir mit einer Geste zu verstehen gegeben, ich solle mich doch zu ihm setzen. Was ich, ehrlich gesagt, eher ungern tat, erinnerte ich mich doch noch allzu gut an den ekligen Geruch nach kaltem Tabak, den seine Kleidung seinerzeit ausgeströmt hatte. Aber dann freute ich mich doch über das Wiedersehen und nahm an seiner Seite Platz. Was ich jedoch sehr schnell bereute, denn wenn der Ausdruck »Zappelphilipp« je auf einen Menschen zugetroffen hat, dann auf Horst. Ständig ruckte er hin und her, trommelte mit den Fingern auf der Tischplatte herum, malte merkwürdige Figuren in seinen Block, und als ich ihn fragte, ob er seit unserem gemeinsamen

Kurs einmal in Italien gewesen sei, fiel es ihm sichtlich schwer, sich zu erinnern.

»Ja, ich glaube schon«, antwortete er. »In Neapel.« Dann stockte er, zwinkerte nervös mit den Augen und korrigierte sich: »Nein, in Mailand. Das ist doch die Stadt mit dem imposanten Dom, oder?«

»Genau«, bestätigte ich. »Warst du länger dort?«

»Wo?«

»In Mailand.«

»Ich … ich weiß gar nicht mehr so genau. Ist schon eine Weile her. Ich war da …« Weiter kam er nicht, weil er husten musste. Nicht laut, aber anhaltend. Zwischendurch holte er hektisch Luft, was ihm sichtlich Mühe bereitete. »… mit einer Bekannten, einer Nachbarin.«

Ich nickte und dachte an meinen letzten Mailand-Besuch mit Ella zurück. Dann wiederholte ich meine Frage: »Wart ihr länger dort?«

Aber auch diesmal bekam ich keine Antwort. Stattdessen räusperte Horst sich mehrfach, wobei das dabei produzierte Geräusch immer mehr in rasselndes Röcheln überging. »Was hast du gesagt?«, fragte er schließlich.

Allmählich kam mir die Sache komisch vor. Der war doch bei unserem letzten gemeinsamen Kurs ganz anders gewesen: aufmerksam und konzentriert. Was war bloß mit dem los? Und das fragte ich ihn schließlich auch: »Geht's dir nicht gut?«

Er schüttelte den Kopf. »Na ja, eigentlich schon.« Wieder ein Hustenstoß. »Aber ich … ich bin gerade dabei, mir das Rauchen abzugewöhnen.«

Aha, daher das komische Benehmen. Horst schien unter echten Entzugserscheinungen zu leiden. Kurz dachte ich daran zurück, wie ich selbst meine letzte Packung Zigaretten in den Müll geworfen hatte. Das ist jetzt mehr als 40 Jahre her. Damals habe ich noch regelmäßig gejoggt. Und eines Tages, nachdem ich am Vorabend beim Skatspielen eine komplette Packung verqualmt hatte und nun keuchend und japsend im Wald stand, habe ich mir geschworen: »Joggen oder Rauchen – eines von beidem lässt du ab sofort bleiben.« Und tatsächlich habe ich seit diesem Tag keine einzige Zigarette mehr geraucht. Ich erinnere mich noch mit Schaudern, wie schwer mir das gefallen ist. Ich habe Schokolade in Mengen in mich hineingestopft und mich bei künftigen Skatabenden noch eine ganze Weile neben einen starken Qualmer gesetzt, um wenigstens ein bisschen von dessen Rauch abzubekommen. Ich glaube, es hat fast zwei qualvolle Jahre gedauert, bis mich das Verlangen nach einem Glimmstängel zuverlässig nicht mehr heimgesucht hat.

Deshalb verstand ich nur zu gut, wie mies es Horst gerade gehen musste. Und dann fragte ich, nachdem ich eine Weile nachgedacht hatte, zuerst mich, dann ihn, was in Gottes Namen die ganze Quälerei bringen sollte.

»Wie meinst du das?«, antwortete er zwischen zwei keuchenden Atemzügen. »Ein Freund von mir ist vor zwei Monaten an Lungenkrebs gestorben. Mit Metastasen im Kopf. Der hat sogar weniger geraucht als ich.«

»Wie viel war es denn bei dir?«

»So zwei Packungen am Tag.«

»Hoppla«, entfuhr es mir. So viele Zigaretten habe ich nur ganz, ganz selten verbraucht. »Du bist wie alt?«

»Werde nächsten Monat 84.«

»Und seit wann rauchst du?«

Er überlegte eine Weile, kratzte sich ausgiebig am Kopf und sagte dann: »Weiß nicht genau. 40 Jahre oder 50? Vielleicht auch länger.«

Ich schüttelte den Kopf und runzelte die Stirn. »Und da glaubst du ehrlich, der Stress würde sich noch lohnen?«

Wieder räusperte er sich ausgiebig. »Wie meinst du das?«

Das erklärte ich ihm dann. Denn auch mir ist natürlich vollkommen klar, dass Rauchen überaus schädlich ist. Ja, von allem, was man als Mensch aus eigenem Entschluss tun und lassen kann, ist es sicher das Gefährlichste. Mehr als 100 000 Tote fordert der Zigarettenrauch allein in Deutschland jedes Jahr, wobei das meines Wissens noch stark untertrieben ist, weil der Rauch mit seinen vielen toxischen Inhaltsstoffen auch außerhalb der Atmungsorgane, zum Beispiel bei Entstehung und Wachstum fast aller bösartigen Tumore im menschlichen Körper, jede Menge Schäden anrichtet. Wenn man aber so lange geraucht hat wie Horst und dabei erstaunlicherweise 83 Jahre alt geworden ist, kommt es doch wirklich nicht mehr darauf an. Abgesehen davon, dass es doch höchst zweifelhaft ist, ob der Rauchverzicht jetzt noch irgendeine positive Auswirkung auf seinen Körper hätte, lohnt sich die Schinderei schlicht nicht mehr. Selbst wenn er dadurch, was ich stark bezweifle, ein, zwei Jahre länger leben würde, was sind das dann für Jahre? Warum will er sich die Zeit, die ihm noch bleibt, unbedingt so schwer machen? Also, wenn ich so lange so heftig geraucht hätte, würde ich mit Sicherheit jetzt auch nicht mehr damit aufhören. Die üble Plackerei würde ich mir mit Sicherheit nicht mehr antun. Auch wenn eine medizinische Weisheit besagt, dass jeder Raucher zwangsläufig an den Folgen seines Lasters stirbt. Die Frage ist nur, ob er dazu alt genug wird.

Er hörte mir, nur ab und zu hüstelnd und mit den Fingern trommelnd, aufmerksam zu, dann ging ein Strahlen über sein faltiges Gesicht und er lächelte mich regelrecht beseelt an. »Was für ein Glück, dass ich dich getroffen habe! Wenn du Lust hast, gehen wir nach dem Kurs noch in die Bierhalle. Da gibt es ein Raucherzimmer, und in dem lade ich dich mit Freuden auf ein Bierchen ein.«

Die Einladung nahm ich gerne an. Wir bestellten uns jeder ein alkoholfreies Weizen, und während Horst mit offensichtlichem Genuss und sichtlicher Erleichterung Zigarettenqualm ausstieß, unterhielten wir uns darüber, inwieweit es sich grundsätzlich lohnt, noch in höherem Alter auf lieb gewonnene Gewohnheiten zu verzichten, um möglicherweise ein, zwei Jahre später ohnehin zu sterben. Dabei gesellte sich ein Bekannter von Horst namens Herbert zu uns, auch er zwischen langen Zügen an seinem Bierglas genüsslich qualmend. Zum Abschied gab er Horst und mir sogar noch einen Schnaps aus – einen Williams Christ, kurz »Willi« genannt. Und mit dem stießen wir auf die Erkenntnis an, dass die gewaltsame Umstellung auf eine gesündere Lebensführung mit zunehmendem Alter immer mehr an Bedeutung verliert. Wir hoben unsere Gläser und deklamierten so laut, dass die Umstehenden verblüfft zu uns herüberstarrten: »Auf unsere Laster! Mögen sie uns den Rest unseres Lebens verschönern!«

Was den Willi betrifft, so trinke ich selbst mit großem Genuss fast jeden Abend nach dem Essen ein Gläschen davon – gerne auch zwei. Ella und ich haben uns nämlich schon vor Längerem angewöhnt, mittags nur eine Kleinigkeit, meist in Form von Obst, zu uns zu nehmen und uns die Hauptmahlzeit am frühen Abend schmecken zu lassen. Zwar habe ich mal irgendwo gelesen, dass so ein kleiner Hochprozentiger den Namen »Verdauungsschnaps« vollkommen zu Unrecht trägt, da der Alkohol die Nahrungsverwertung in Magen und Darm eher hemmt als fördert, aber das tut meinem Vergnügen keinen Abbruch. Natürlich gönne ich mir die ein, zwei Gläser Willi nur, wenn ich danach nicht mehr Auto fahren muss, das ist eine eiserne Regel. Wobei es ja schon erstaunlich ist, dass sich viele Autofahrer nach einer Halben Bier gänzlich ohne schlechtes Gewissen hinters Steuer setzen, dies jedoch nach zwei Schnäpsen nicht mehr täten. Ihnen ist offensichtlich nicht klar, dass ein halber Liter Bier ziemlich genau dieselbe Menge Alkohol enthält wie drei Gläser Hochprozentiges. Wer also zwei Bier getrunken hat, hat damit genauso viel Alkohol intus wie mit sechs Schnäpsen! Nach deren Konsum man wohl kaum noch Auto fahren würde.

Ich bin mir vollkommen bewusst und streite auch überhaupt nicht ab, dass Alkohol für den Körper schädlich ist. Als vor vielen Jahren eine italienische Studie – vermutlich von Weinproduzenten gesponsert – behauptete, speziell Rotwein sei der Gesundheit zuträglich, hat das weltweit regelrechte Begeisterungsstürme ausgelöst. Menschen freuen sich halt, wenn sie das hören, was sie nur zu gerne hören wollen. Dass diese Aussage später widerrufen wurde, haben die meisten dagegen – bewusst? – nicht zur Kenntnis genommen. Erst vor Kurzem habe ich im Fernsehen einen Wissenschaftler erklären hören, Alkohol sei ein Zellgift, und zwar vom ersten Tropfen an. Da beiße die Maus keinen Faden ab! Die Giftwirkung sei zwar bei geringen Mengen überschaubar, aber ganz ohne Zweifel vorhanden. Und sie richte im menschlichen Organismus Schäden an, ob einem das gefalle oder nicht. Dann hat der Wissenschaftler allerdings einschränkend hinzugefügt, damit wolle er den Menschen, die gelegentlich ein Glas Wein, Bier oder Schnaps zu sich nähmen, nicht den Spaß verderben, es komme doch sehr auf die Häufigkeit des Alkoholkonsums und natürlich auf die getrunkene Menge an.

Deshalb haben Ella und ich auch kein schlechtes Gewissen, wenn wir hin und wieder zum abendlichen Fernsehen oder als Begleitung zu einem guten Buch ein Glas Wein – sie roten, ich lieber weißen – schlürfen. Wir glauben nämlich nicht, dass uns diese lieb gewordene Angewohnheit tatsächlich schneller ins Grab bringt. Und wenn doch, war es uns das auf jeden Fall wert.

Dabei kommt mir der bekannte Witz von dem Arzt in den Sinn, den sein Patient fragt, wie alt er voraussichtlich werden könne.

»Rauchen Sie?«, erkundigt sich der Arzt.

»Niemals.«

»Und Alkohol?«

»Auch nicht. Keinen Tropfen.«

»Essen Sie gerne üppig?«

Der Mann winkt erschrocken ab. »Bloß das nicht!«

Der Arzt denkt einen Moment nach, dann fragt er lächelnd: »Und warum wollen Sie dann alt werden?«

Womit wir beim Essen wären. Auch dazu gäbe es eine Menge zu sagen. Doch ich will mich kurzfassen. Denn auf keinem anderen Gebiet der Lebensführung liest und hört man innerhalb kurzer Zeit so viele widersprüchliche Empfehlungen, die sich allesamt auf angeblich seriöse Studien stützen. Alle paar Monate veröffentlichen die Medien neue Erkenntnisse zu dem Thema. Das, was gestern noch als unumstößliche Wahrheit galt, ist heute schon wieder überholt und wird morgen durch neue Verhaltensmaßregeln ersetzt. Gestern galt vor allem Fett als schädlich, und heute werden Omega-3-Fette als das Nonplusultra gesunder Ernährung propagiert. Doch seit Kurzem ist sich die Wissenschaft auch in dieser Hinsicht nicht mehr sicher, belegen doch neuere Untersuchungen einen möglichen schädlichen Einfluss dieser Fettklasse auf die Darmschleimhaut. Heute schadet uns angeblich nichts so sehr wie Zucker, und morgen ist auf einmal ein Übermaß an Salz der Hauptübeltäter, wobei die Angaben über das Zuviel von Studie zu Studie stark schwanken. Und so weiter, und so weiter.

Mein Vater hat zu dem Thema gerne den für heutige Ernährungspäpste extrem ketzerischen Satz propagiert: »Gesund ist für mich, was mir schmeckt.« Und er wäre mit dieser Einstellung bestimmt alt geworden – immerhin hat er auch noch als Senior jedes Jahr sein Sportabzeichen abgelegt –, hätte ihn nicht schon vor seinem Achtzigsten eine Hepatitis C ereilt. Eine Infektionskrankheit, die seinerzeit oft tödlich endete, heute jedoch dank wirksamer Medikamente so gut wie immer heilbar ist. Fakt ist, dass Ella und ich mit fortschreitendem Alter immer mehr dem väterlichen Dogma zuneigen. Hin und wieder eine opulente, gerne auch fleischlastige Mahlzeit, selbst zubereitet oder noch lieber in einem guten Lokal verspeist und mit einem üppigen Dessert gekrönt, ist für uns ein derartiger Genuss, dass wir diesem gerne ein paar Monate unseres Lebens opfern. Zumal dessen Ende ja ohnehin immer absehbarer wird.

Von Zeit zu Zeit hört oder liest man in den Medien von Studien, denen zufolge man dieses Ende um ein paar Jahre hinauszögern kann, indem man sich angewöhnt, sich nie richtig satt zu essen, sondern sich mit etwa einem Viertel weniger Kalorien begnügt. Wenn man das über längere Zeit – wir sprechen hier von Jahren – durchhält, verlangsamt sich der Alterungsprozess angeblich um zwei bis drei Prozent. Tatsächlich gibt es in meiner weiteren Bekanntschaft eine Frau, die sich derartig ernährt. Das mache ihr überhaupt nichts aus, beteuert sie stereotyp, wenn man sie darauf anspricht. Und das tut man fast automatisch, da sie aussieht, als sei sie gerade einem Gefangenenlager entkommen, in dem es außer dünner Suppe nichts zu essen gab. Klapperdürr ist wohl der Ausdruck, der ihre äußere Erscheinung am treffendsten beschreibt. Nirgendwo auch nur der Hauch einer Rundung, das Gesicht eingefallen und überall viel zu viel Haut. Seit ich einmal bei einer Trauerfeier – im Volksmund merkwürdigerweise als »Leichenschmaus« bezeichnet – beobachtet habe, mit welchen Augen sie auf den vollgefüllten Teller ihres Gegenübers starrte, glaube ich ihr schlicht nicht mehr, dass ihr der andauernde Verzicht auf eine leckere und vor allem satt machende Mahlzeit wirklich nichts ausmacht. Nein, dafür, sich so zu kasteien, habe ich wirklich nicht das geringste Verständnis. Für so einen Mist bin ich echt zu alt.

Aus demselben Grund habe ich auch schon seit längerer Zeit aufgehört, meinem Freund Gerd, mit dem zusammen ich früher etliche mehrtägige Wanderungen unternommen habe und der seither immer wieder mal ein paar Tage bei Ella und mir verbringt, Vorhaltungen über seinen morgendlichen Marmeladenkonsum zu machen. Obwohl der wirklich extrem ist. Wenn wir vor dem Start zu einer neuen Etappe in einem Gasthof gemeinsam frühstückten, brachte er es problemlos fertig, den Inhalt von acht bis zehn der kleinen Konfitürepäckchen, die man oft auf Hotelbüfetts findet, auf seine Brötchen zu streichen. Nein, »streichen« trifft die Sache nicht, man muss wohl eher von »häufen« sprechen. Und noch heute bringt Ella, wenn wir mal wieder Gerds Besuch erwarten, zusätzlich zu ihren sonstigen Einkäufen zwei große Marmeladengläser extra für ihn mit nach Hause.

Mittlerweile schäme ich mich regelrecht dafür, wie oft ich meinen geschätzten Wanderkameraden mit meinen blöden Bemerkungen genervt, ja ihm vermutlich nicht selten sogar den Appetit verdorben habe. So, wie es mir mit einem guten Bekannten ergangen ist, der mehr als einmal gemeint hat, mir mit einem süffisant geäußerten Hinweis auf die paar Kilos, die ich angeblich zu viel mit mir herumtrage, den Spaß am Essen verderben zu müssen. Ich weiß selbst, dass ich nicht der Allerschlankeste bin. Aber davon abgesehen, dass neuere medizinische Erkenntnisse sogar einen gesundheitlichen Vorteil etwas fülligerer Menschen gegenüber allzu Dünnen propagieren, habe ich überhaupt keine Lust, mir mit irgendwelchen Diäten, sei es Low-Fat, Low-Carb, Paleo oder wie die alle heißen, den Lebensabend zu vermiesen. Nur um später im Sarg vielleicht ein bisschen weniger Platz einzunehmen. Wobei ich sogar – und das sage ich jetzt wirklich aus Überzeugung – der festen Überzeugung bin, dass etwas Vollschlankere im Alter deutlich besser aussehen als viele Dünne, bei denen man bei jeder Bewegung erwartet, die Knochen klappern zu hören. Ein bisschen mehr Unterhautfettgewebe glättet halt doch so manche Falte.

Im Übrigen halte ich auch nicht übermäßig viel von Altersgenossen, die meinen, dem körperlichen und geistigen Verfall dadurch ein Schnippchen schlagen zu können, dass sie sich zu irgendwelchen spektakulären Höchstleistungen hinreißen lassen. Auf mich wirkt das jedes Mal eher wie das verzweifelte Streben eines betagten Menschen, Aufmerksamkeit zu erregen, koste es, was es wolle. So wie bei der 104-Jährigen, deren Foto eines Tandem-Fallschirmsprungs durch die Medien ging. Sicher, das ist bewundernswert, aber ich frage mich: »Was soll das?« Die alte Dame ist ja wohl ganz sicher nicht gesprungen, weil sie daran Spaß hatte, das hätte sie schließlich schon viel früher haben können. Nein, ihr ging es doch bestimmt vor allem darum, in Zeitungen und Nachrichtensendungen gewürdigt und bewundert zu werden. Was ihr ja auch zur Genüge gelungen ist. Aber wenn das dazu beigetragen hat, ihr die letzten Lebensjahre zu verschönern, hatte die Sache ja vielleicht sogar etwas Gutes.

Dasselbe gilt im Grunde für die Amerikanerin Hulda Crooks. Die hat zwischen ihrem 65. und 91. Lebensjahr nicht nur 23-mal den Viertausender Mount Whitney, sondern daneben auch noch 97 andere gewaltige Berggipfel bestiegen. Das ist grandios und nötigt mir aufrichtige Bewunderung ab. Womit ich natürlich nicht allein bin. Hulda Crooks' Leistungen waren Thema zahlreicher Zeitungsartikel, und sie war Gast in etlichen TV-Sendungen. Ob diese mediale Aufmerksamkeit die Schinderei wert war, muss sie selbst beurteilen. Ich hätte dazu jedenfalls keine Lust. Zumal, wenn ich lese, was Hulda Crooks als Rezept für ihre Fitness angibt: »Früh zu Bett gehen und früh aufstehen. Spätestens um fünf Uhr 30 raus zum Joggen!«

Aber von mir verlangt das ja auch keiner. Mir genügt es vollkommen, zwei, drei Mal in der Woche zusammen mit Ella einen ausgedehnten Spaziergang durch die Wälder der Umgebung oder an einem malerischen See zu unternehmen. Und wenn uns dabei heftig schnaufend und schweißtriefend ein Jogger begegnet, löst der in mir höchstens Mitleid, aber keinesfalls Bewunderung aus. Wobei ich natürlich zugeben muss, dass ich ihm möglicherweise Unrecht tue, weil er ja vielleicht tatsächlich Spaß an der Schinderei hat oder gerade dabei ist, einen persönlichen Rekord zu brechen. Kann mir ja auch egal sein.

Vermutlich hätte die gute alte Hulda ja ihrerseits auch keinerlei Verständnis für meinen Stolz, in höherem Alter noch so viele Gedichte berühmter deutscher Autoren auswendig deklamieren oder Bücher in italienischer Sprache lesen zu können. Weil mir das einerseits Spaß macht und ich andererseits davon überzeugt bin, auf diese Weise eine größere Chance zu haben, als Greis nicht oder zumindest erst später dement zu werden.

Soll doch jeder das tun, was ihn glücklich macht. Oder um es mit einem bekannten Sprichwort auszudrücken: »Jedem Tierchen sein Pläsierchen.« Wer sich in welchem Alter und für welchen Mist zu alt hält, ist doch ganz allein seine Sache.

Alt sein – eine Schande?

Ein bisschen anders sieht es meines Erachtens mit der Kleidung aus. Zum Altern in Würde gehört für mich unbedingt, sich angemessen anzuziehen. Auch wenn sich die gesellschaftlichen Normen in dieser Hinsicht sehr verändert haben. Wenn ich an meine Oma mütterlicherseits denke, die starb, als ich etwa zwölf war, so habe ich das Bild einer ständig und überall in Schwarz umherlaufenden Greisin im Gedächtnis. Es ist doch toll, dass das heute anders ist. Aber alles mit Maß und Ziel – man muss es ja nicht übertreiben.

Wenn ich daran denke, dass ich als Kind in der Schule keine Jeans – damals Nietenhosen genannt – tragen durfte, weil das angeblich Bauarbeiterklamotten waren, kann ich heute nur noch den Kopf schütteln. Dasselbe gilt für die Pflicht, mir während der Zeit des Konfirmandenunterrichts, also etwa mit 14, zum sonntäglichen Gottesdienstbesuch eine Krawatte umzubinden. Was für ein Blödsinn! Aber seinerzeit war die Kleiderordnung – speziell wenn man, wie ich, sehr konservative Eltern hatte – noch derart rigide. Niemals und unter keinen Umständen hätte mein Vater sich Jeans angezogen. Das war für ihn ebenso undenkbar, wie ohne Anzug ins Theater oder mit meiner Mutter zu einer Tanzveranstaltung zu gehen. Ja, selbst sich in der Öffentlichkeit in Shorts zu zeigen, wäre ihm niemals in den Sinn gekommen.

Aber diese Zeiten sind ja zum Glück vorbei. Heute tragen selbst Fernsehmoderatoren zu einem Sakko dunkelblaue Jeans, das gilt als sportlich-schick. Sogar den Bundeskanzler sieht man im Fernsehen immer öfter ohne Schlips. Was mich angeht, so habe ich im Hochsommer bei großer Hitze selbst in meinem Alter keine Hemmungen, mich beim Einkaufen im Supermarkt in kurzen Hosen zu zeigen. Die würde ich allerdings bei einem Bummel durch die Innenstadt ebenso wenig tragen wie beim Essen in einem Lokal. Wobei Letzteres für mich noch immer ein eisernes Gesetz ist: An einen Restaurant-Esstisch setzt man sich grundsätzlich ordentlich gekleidet, mit Sakko, sauberem Hemd und langen Hosen. Das gilt natürlich nicht für Gartenlokale oder irgendwelche Volksfeste, wo es naturgemäß lässiger zugeht. Doch diese Regel, die mir meine Eltern von klein auf eingetrichtert haben, scheint immer mehr junge Menschen nicht zu scheren. In Urlaubshotels kommen sie ohne jegliche Hemmungen in bunten Shorts und bedruckten T-Shirts zum Abendessen, tragen am kalten Büfett farbenfrohe Gartensandalen und als Frauen manchmal sogar nur einen Rock mit Bikinioberteil. Von den guten Manieren, die ich heute bei vielen, speziell jungen Menschen vermisse, war ja schon die Rede. Dazu gehört für mich eben auch, sich dem Anlass – und dem Alter – gemäß zu kleiden. Angemessen heißt für mich, etwa in der Oper, im Theater oder bei einem Konzert als Mann Anzug und Krawatte – das war bei uns Jünglingen seinerzeit schon in der Tanzschule Pflicht – und als Frau ein elegantes Kleid oder Kostüm zu tragen. Wenn ich die heutige Jugend sehe, die zu derartigen Anlässen in Pullover, Jeans und Turnschuhen – heutzutage »Sneakers« genannt – erscheint, sträuben sich mir die Haare. Es muss ja nicht gleich ein Smoking oder Abendkleid sein, aber gammelige Alltagsklamotten halte ich bei derlei Anlässen doch für höchst unpassend. Sitzt im Theater jemand in einem derartigen Outfit – so nennt man das wohl – neben mir, vergeht mir glatt der Spaß an der Sache.

Dabei fällt mir spontan meine ehemalige Nachbarin Lore ein. Sie muss mittlerweile die 80 überschritten haben, bemüht sich aber jedes Mal, wenn sie ihre Wohnung verlässt, ganz offensichtlich, wie eine 30-Jährige auszusehen: enge Bluse, kurzer Rock, lange Haare und vor allem reichlich Farbe im Gesicht, wobei der knallrote Lippenstift schon ein bisschen wehtut. Da fragt man sich doch, muss das sein?

Oder mein Jagdfreund Erwin. Sein 70. Geburtstag ist schon einige Jahre her, das hindert ihn aber nicht daran, noch immer wie ein 20-jähriger Jungjäger herumzulaufen. Seit Neuestem zeigt er sich gerne mit einem – extra für ihn angefertigten? – Jagdhemd mit dem überaus lustigen Aufdruck »Wildschweine erlegt nur, wer wie sie aussieht«. Seine Lieblingslektüre ist zudem offenbar das *Lexikon der Jugendsprache*, denn mit Wörtern wie »chillen«, »cool«, »Bullshit«, »hip« und »fuck« wirft er nur so um sich, und zwar auch bei offiziellen Veranstaltungen, bei denen es ansonsten eher steif und traditionell zugeht. Jagdliche Festivitäten mit Hornbläsern in grüner Uniform, bei denen man seit jeher von einem »kapitalen« und nicht von einem »geilen« Rehbock spricht und einen Hasen allenfalls »Langohr« oder »Mümmelmann«, aber ganz sicher nicht »Rammelfucker« nennt. Mir könnte das ja eigentlich egal sein. Solange er freundlich und hilfsbereit ist – und das ist er zweifellos, und von der Jagd versteht er auch eine ganze Menge –, soll er doch seine Marotten ausleben, schließlich richtet er damit ja keinerlei Schaden an. Aber eben alles mit Maß und Ziel!

Zwar belegen etliche wissenschaftliche Untersuchungen, dass attraktive, jung und dynamisch wirkende Menschen ihre Ziele leichter erreichen und mehr Privilegien genießen als solche, die müde, verbraucht und – im wahrsten Sinne des Wortes – alt aussehen. Und ich wäre, das gebe ich unumwunden zu, gewiss nicht unglücklich, wenn Lukas Cranachs Gemälde *Der Jungbrunnen* aus der Mitte des 16. Jahrhunderts, auf dem alte, gebrechliche Menschen aus einem magischen Wasserbad in jugendlicher Frische heraussteigen, der Realität entspräche. Doch das ist nun mal leider nicht so. Tatsache ist vielmehr, dass man uns unser Alter, und zwar sowohl hinsichtlich unserer äußeren Erscheinung als auch unseres Verhaltens und unserer Bewegungen, nun mal von Jahr zu Jahr mehr ansieht. Und dass wir, weil wir daran schlichtweg nichts ändern können, gut daran tun, das beizeiten einzusehen.

Wie heißt es so schön: »Jeder will alt werden, aber keiner will alt sein.« Das geht mir zum Glück anders. Ich bin mir der Tatsache, dass ich vielleicht noch zehn Jahre zu leben habe, voll bewusst. Und das stört mich überhaupt nicht. Der Tod gehört – auch so ein Spruch – nun mal zum Leben. Er ist kein Schicksal, das den einen ereilt und den anderen verschont. Deshalb sollten wir ihm gelassen entgegensehen. Dazu gehört meines Erachtens eben auch, beizeiten einzusehen, dass wir, auch wenn wir uns noch so modisch kleiden, nun mal keine 50 mehr sind. Ob uns das nun gefällt oder nicht.

Man kann heute ja keine Illustrierte aufschlagen und keine Fernsehwerbung ansehen, ohne ständig mit einem Schönheitsideal konfrontiert zu werden, das für alte Menschen beim besten Willen nicht realisierbar ist. Da sieht man in Werbespots für Betagte fröhlich lächelnde Frauen, die vielleicht gerade mal 40 sind, mit glatten Gesichtern, üppiger Haarpracht und einer Beweglichkeit, mit der sie an einem Wettbewerb in Sportgymnastik teilnehmen könnten. Und das sollen dann Senioren oder Seniorinnen sein? Einfach lachhaft!

Warum können alte Menschen nicht so aussehen, wie sie nun mal aussehen? Warum werden sogenannte Anti-Aging-

Produkte als das Nonplusultra für ein großartiges Lebensgefühl angepriesen? Zumal der Erfolg derartiger Kosmetika und Verfahren doch mehr als zweifelhaft ist. Kurz gesagt: Für sein Alter attraktiv aussehen zu wollen, halte ich für durchaus legitim, ja, in Maßen sogar für erstrebenswert. Aber man muss es ja mit dem Jünger-scheinen-Wollen nicht übertreiben und sollte den Jungen ihre in unseren Augen oft bizarren Schönheitsideale doch lassen. Diese als alter Mensch mit Gewalt nachzuahmen, wirkt eher komisch als attraktiv.

Nehmen wir nur die bei Jungen und noch mehr bei Mädchen überaus beliebten Jeans mit absichtlich hineingeschnittenen Schlitzen und Löchern. Ich habe im Lauf meines Lebens Schlaghosen, Petticoats, klobige Plateauabsätze und gürtelbreite Miniröcke kommen und gehen gesehen, aber etwas derart Abstruses gab es meines Erachtens noch nie. In meiner Jugend hätte man derartige Hosen, sobald Versuche, sie zu flicken, aussichtslos geworden wären, schweren Herzens in den Mülleimer geworfen. Heute gelten sie, warum auch immer, als besonders schick. Das kommt mir so vor, als würden Autos umso schöner und begehrenswerter, je dichter sie mit Dellen und Kratzern übersät sind. Wenn mir ein Mädchen mit einer solchen Hose, etwa in der Straßenbahn, gegenübersitzt, warte ich immer darauf, dass eine Stechmücke in so eine Hosenöffnung reinkriecht, das wäre ein Spaß!

Wobei mein grundsätzliches Unverständnis dafür, etwas mit Gewalt kaputt zu machen, im Übrigen auch für bewusst durchlöcherte menschliche Haut gilt. Gerade bei jungen Menschen ist die doch im Allgemeinen so glatt und makellos, dass man sich schon fragen muss, warum man sie mutwillig verletzt. Sie merken schon, ich rede vom speziell beim weiblichen Geschlecht überaus beliebten Piercing. Das mag ja von mir aus noch angehen, solange es sich um einen kleinen, mit einem Schmuckstein versehenen Ring durch den Nabel handelt. Aber was um alles in der Welt soll denn an Metallteilen schön sein, die die Nasenscheidewand oder die Augenbrauen durchbohren? Wobei der Gipfel der Absurdität für mich Zungenpiercings sind. Wenn ich mir vorstelle, ich hätte so ein Teil im Mund, in dem bei jeder Mahlzeit das Essen hängen bleibt, graust es mich. Und ich hätte früher ein Mädchen schon wahnsinnig lieben müssen, bevor ich mich dazu hätte überwinden können, sie mit so etwas Abstoßendem an der Zunge zu küssen.

Aber metallene Apparaturen im Mund zu haben, wird den heutigen Kindern ja schon sehr frühzeitig als völlig normal vermittelt. Die Rede ist von festsitzenden »Zahnspangen«, um eine geläufige Bezeichnung zu verwenden. Betrachte ich heute ein Klassenbild aus meiner Volksschulzeit, so bin ich nicht nur jedes Mal wieder über die gewaltige Zahl meiner Mitschüler erstaunt, sondern vor allem darüber, dass niemand von uns mit so einem Teil auf den Zähnen in die Kamera lächelt. Heutzutage kommt sich ja ein Kind geradezu minderwertig und vom Schicksal vernachlässigt vor, wenn es nicht während einiger Jahre seiner Entwicklung ein solches Gerät im Mund und, besser noch, auf den Zähnen kleben hat. Obwohl das doch wirklich alles andere als schön aussieht und sich generell die Frage stellt, ob eine kieferorthopädische Behandlung tatsächlich bei so vielen Kindern und Jugendlichen erforderlich ist. Denn es kann ja wohl nicht sein, dass die heutigen Kinder allesamt viel schiefere Zähne haben als wir früher. Man operiert schließlich auch nicht jede Nase oder jedes Ohr, nur weil sie nicht hundertprozentig der Idealform entsprechen.

Weil wir gerade bei derlei zweifelhaften Verschönerungsbemühungen sind, müssen wir wohl oder übel noch auf eine

Marotte zu sprechen kommen, die sich bei den heutigen jungen Männern und Frauen ebenfalls einer für mich vollkommen unverständlichen Beliebtheit erfreut: die allgegenwärtigen Tätowierungen. Wobei es dabei, das muss ich zugeben, entscheidend auf Position und Ausmaß ankommt. Ein kleiner Schmetterling oder ein nettes Ornament an der Schulter, am Unterschenkel oder von mir aus auch auf einer Pobacke mag ja noch angehen. Aber was soll bitte an einem Arm schön sein, der von oben bis unten derart mit Tattoos übersät ist, dass er schon aus geringem Abstand aussieht, als hätte der- oder diejenige einen grauen Pullover an? Doch sei's drum. Wie heißt es so schön? Des Menschen Wille ist sein Himmelreich. Ich bin jedenfalls froh, dass sowohl meine vier Enkel als auch meine Enkelin – zumindest bis jetzt – auf derlei zweifelhafte Schönheitsattribute verzichten.

Online, online über alles

Mit Computer und Internet hatte ich bis vor acht Jahren – warum ich das noch so genau weiß, erkläre ich gleich – nur wenig am Hut. Schließlich war ich bislang bestens ohne all das Neue und Unbekannte ausgekommen, und ehrlich gesagt hatte ich auch ziemliche Angst, mich wegen meiner digitalen Unkenntnis gehörig zu blamieren. Für den begrenzten Zeitraum, der mir noch blieb, lohnte es sich meines Erachtens schlicht nicht mehr, sich mit offensichtlich hoch komplizierten Dingen zu beschäftigen. Zwar hatten Sven und die Enkel mich immer wieder bedrängt, mir zumindest ein Smartphone zuzulegen, doch eine ganze Weile wies ich das strikt von mir. Aber irgendwann wurde der Druck einfach zu groß, alle Kinder und Enkel hatten längst Handys und Computer, und Sven sprach schließlich so etwas wie ein Machtwort. Ich müsse ja gar nicht alle Möglichkeiten eines Smartphones nützen, aber wenigstens telefonieren sollte ich damit können. Schließlich sei die Möglichkeit, jederzeit jeden erreichen und selbst erreicht werden zu können, heutzutage praktisch Standard. Das sei wie einst in den 50er-Jahren des letzten Jahrhunderts mit dem Telefon. Damals sei es – das habe ich doch selbst erzählt – vollkommen normal gewesen, jemanden, mit dem man in Kontakt treten wollte, zu fragen: »Haben Sie Telefon?« Was keinesfalls selbstverständlich gewesen sei. Doch so, wie das längst Vergangenheit sei, gehe man seit etlichen Jahren auch ganz selbstverständlich davon aus, dass *jeder* – das Wort betonte er auffällig – ein Handy bei sich habe. Und noch etwas sei gewissermaßen obligatorisch: dass man über WhatsApp Nachrichten schreiben und empfangen könne. Zumindest das müsse ich, oder müsse er für mich, auf dem Smartphone installieren, das sei einfach ein »Must-have« – an den albernen Anglizismus erinnere ich mich noch ganz genau. Mit dem Internet könne ich mich später immer noch vertraut machen.

Also stimmte ich seufzend zu, dass Sven mir ein grundüberholtes iPhone kaufte. Keinesfalls das neueste Modell, schärfte ich ihm ein, die Ausgabe würde sich bei mir wirklich nicht lohnen, sondern eines, mit dem man genau das machen könne: telefonieren und »whatsappen«. Mehr musste es – davon war ich seinerzeit fest überzeugt – nicht sein, mehr brauchte ich nicht und würde ich gewiss auch nie brauchen.

Doch als ich das Gerät dann endlich besaß, dauerte es immer noch eine ganze Weile, bis ich es freiwillig benutzte. Telefonate nahm ich eher widerwillig entgegen, und WhatsApp-Nachrichten empfing ich zwar hin und wieder, aber allein darauf zu antworten kostete mich Überwindung. Und was sollte ich in meinem Alter noch mit dem ominösen Internet? Das war doch etwas für die Jugend und vielleicht andere Technikbegeisterte, ich konnte jedenfalls gut darauf verzichten. Wenn etwas Unbekanntes in Erfahrung zu bringen war, schlug ich nach wie vor in einem meiner zahlreichen Lexika nach. Briefe und andere Schriftstücke, darunter auch meine gelegentlichen Artikel für die hiesige Tageszeitung, diktierte ich einer unserer beiden Schulsekretärinnen, die sie formvollendet zu Papier brachten. Und wenn ich jemanden kontaktieren wollte, griff ich zum häuslichen Telefonhörer. Das hatte bisher so funktioniert, warum nicht auch in Zukunft?

Zumal es vielen meiner Altersgenossen genauso ging wie mir. Elektronische Datenverarbeitung, Digitalisierung und Internet waren auch für sie unnötiger Schnickschnack, für manche gar so etwas wie Teufelszeug. Damit wollte man nichts zu tun haben. Schluss, Punkt! Und für einen gar nicht so geringen Teil der Senioren hat sich an dieser Einstellung auch bis heute nichts geändert. Erst kürzlich habe ich in der *FAZ* von einer Erhebung des Statistischen Bundesamtes gelesen, derzufolge zu Beginn des Jahres 2022 etwa 8,5 Millionen Deutsche über 60 noch nie das Internet genutzt hatten. In der Altersgruppe 70 bis 74 Jahre waren es 1,2 und bei den 80- bis 84-Jährigen sogar 2,2 Millionen. Zusammengefasst bedeutet das, dass noch vor Kurzem von den Angehörigen der Gruppe 70 plus weniger als die Hälfte online unterwegs waren und daher verständlicherweise keine Probleme damit hatten, dass es in vielen Altersheimen noch nicht einmal WLAN gibt. Was, wie ich die Sache heute sehe, ein absolut unhaltbarer Zustand ist.

Woran liegt diese enorme Online-Abstinenz? Auch hierzu bot der Artikel mögliche Erklärungen an. Demnach ist das größte Problem für die Älteren gar nicht einmal die Computerbedienung als solche – obwohl viele davor zurückschrecken, als befürchteten sie, ihre Rechner könnten bei einer falschen Tastenbetätigung explodieren –, die größte Angst bereiten ihnen die angeblichen digitalen Risiken und Gefahren. Hört man nicht immer wieder von Cyberbetrug unterschiedlicher Art – den Ausdruck kenne ich auch noch nicht lange –, von Risiken beim Onlinebanking und davon, dass Unbefugte persönliche Daten ausspähen, um damit Schindluder zu treiben? Werden nicht sogar internationale Großkonzerne, die sich doch massenhaft hoch bezahlte Informatiker und andere Computerexperten leisten können, immer wieder Opfer trickreicher Hacker? Da kann einem doch niemand weismachen, die Computerei und vor allem das Internet seien sicher.

Wenn sich ein skeptischer Senior dann doch einmal überwindet, sich in Gottes Namen mit derlei Dingen vertraut zu machen, was hört er dann von den Jungen? »Hast du davon denn eine Ahnung?«, »Möchtest du nicht erst mal einen Computerkurs belegen?« oder, geradezu niederschmetternd: »Das verstehst du ja doch nicht!« Tatsächlich haben Befragungen ergeben, dass es bei erstaunlich vielen deutschen Senioren schon an der Basis, das heißt an der digitalen Grundkompetenz, fehlt. Während bei uns in Deutschland nur 28 Prozent und damit nicht einmal ein Drittel der 65- bis 74-Jährigen von sich behaupten, in dieser Hinsicht einigermaßen fit zu sein, sind es in der Schweiz und Norwegen rund die Hälfte und in den Niederlanden sogar mehr als 60 Prozent. Wobei von denen die meisten ihren Computer beziehungsweise ihr Handy allerdings nur nutzen, um damit zu googeln oder mit Verwandten und Bekannten vornehmlich über WhatsApp zu kommunizieren. Eine Vorgehensweise, die ich im Übrigen bis heute zwar praktisch finde, die mir aber in vielen Fällen doch sehr unpersönlich erscheint.

Denn bis heute habe ich mich nicht daran gewöhnt, dass man per WhatsApp auch telefonieren, ja sich dabei, wenn man weiß, wie das geht, sogar gegenseitig sehen kann. Wer mir zum Geburtstag gratulieren will, kann jedenfalls die Zeit, die er fürs Tippen auf seinem Handy braucht, auch für ein kurzes Festnetztelefonat nutzen – das zudem von der Tonqualität deutlich besser ist. Daran habe ich deutlich mehr Freude als an einem schnöden Glückwunsch per Handy, der wahrscheinlich irgendwann zwischendurch oder beim Mittagessen abgeschickt worden ist. Aber wahrscheinlich liegt meine Abneigung auch wieder vor allem an meinen überkommenen Vorstellungen von Höflichkeit und Anstand. Wobei es – das gebe ich ehrlich zu – auch in meinem Bekanntenkreis Personen gibt, denen ich zwar, weil es sich so eingespielt hat, per Telefonanruf gratuliere, bei denen ich aber problemlos auf ein längeres Gespräch verzichten könnte. Wenn mir so jemand Glückwünsche per WhatsApp schickt, muss ich meinerseits nur kurz und knapp mit »Herzlichen Dank« antworten. So hat doch alles seine Vor- und Nachteile.

Womit wir endlich bei mir und meinen persönlichen Erfahrungen mit Computer und Co., gewissermaßen meinem digitalen Werdegang, angekommen wären. Der begann vor besagten acht Jahren an einem sonnigen Samstag, an dem unser alljährliches Straßenfest stattfand. Das ist, sofern das Wetter mitspielt, immer wieder ein vergnügliches Ereignis, an dem wir gemeinsam mit unseren Nachbarn essen, trinken, Spiele spielen und nicht selten zu vorgerückter Stunde sogar singen und tanzen. An diesem Samstag hörte ich anfangs rein zufällig, dann jedoch immer aufmerksamer einem Gespräch zwischen Leon und Romy zu, zwei Jugendlichen aus der Nachbarschaft um die 16, die meines Wissens dasselbe Gymnasium besuchten. Meine Aufmerksamkeit hatte die Unterhaltung geweckt, weil es darin zweifellos um Französisch, genauer gesagt um Futurformen unregelmäßiger französischer Verben ging. Bei den teils hanebüchenen, von eklatanter Unkenntnis zeugenden Fehlern, die die beiden machten, als Französischlehrer ruhig zu bleiben, war praktisch unmöglich, und so mischte ich mich irgendwann ungefragt in ihr Gespräch ein.

Zuerst waren die beiden von meiner Intervention ganz offensichtlich alles andere als begeistert, doch als ich ihnen dann ein paar Eselsbrücken und Merkhilfen verriet, mit denen ich bei meinen Schülern und Schülerinnen seit jeher großen Erfolg hatte, wurden sie immer zugänglicher. Und bekamen das Thema immer besser in den Griff. Zum Schluss kam beim Übersetzen eines einfachen französischen Textes über berühmte Bauwerke in und um Paris, den ich den beiden diktierte, die Frage auf, wie viele Fenster Schloss Versailles wohl haben mochte. Noch bevor ich mir darüber Gedanken machen, mir das Bild des Prachtbaus ins Gedächtnis rufen und einen einigermaßen fundierten Tipp abgeben konnte, hatte Romy bereits ihr Smartphone aus der Tasche gezogen und kurz darauf herumgetippt. »2143«, verkündete sie wenige Sekunden später stolz. »Und dazu noch …«

»Das hat dir dein Teil hier gesagt?«, unterbrach ich sie. »Erstaunlich.«

»Na ja, wie man's nimmt«, antwortete sie und fragte mich dann, was für einen Computer ich zu Hause und welchen Typ von Smartphone ich bei mir hätte.

Als ich zugab, nur einen altmodischen Rechner – den hatte mir ein jüngerer Kollege vor vielen Jahren geschenkt – und ein auch alles andere als neues Handy – eben das von Sven – zu besitzen, welches ich zudem eher selten benutzte, schüttelte sie sichtlich fassungslos den Kopf und erklärte, sie vermöge sich überhaupt nicht vorzustellen, wie man ohne einen zeitgemäßen Computer existieren könne. Und dann vereinbarten wir, um eine weitere dieser ebenso neuartigen wie nach meiner Auffassung entbehrlichen englischen Bezeichnungen zu verwenden, einen »Deal«. Ich versprach, ihr einmal pro Woche Französisch-Nachhilfeunterricht zu geben, und sie bot sich im Gegenzug an, mich in die für mich bis dahin noch immer nebulöse Welt von Computern, Internet, Digitalisierung, Handys und Apps einzuführen. Denn in den Wochen zuvor hatte es eine erstaunliche Häufung von Anlässen gegeben, die meine Überzeugung, ohne all das neumodische Zeug auszukommen, schwer ins Wanken gebracht hatte.

Angefangen hatte es mit einem Erlebnis in der hiesigen Stadtbibliothek. In einem Gartenmagazin hatte ich von einem opulenten Bildband über Stauden gelesen, in dem ich gerne geblättert hätte. Kaufen wollte ich mir das teure Buch nicht, also ging ich in die Bücherei und erkundigte mich bei der freundlichen Angestellten nach dem Band. Tatsächlich gab es den hier, aber momentan war er bedauerlicherweise ausgeliehen.

»Wenn Sie wollen«, bot mir die junge Dame lächelnd an, »können Sie das Buch reservieren. Dann bekommen Sie, sobald es zurückgegeben worden ist, eine E-Mail.« Sie warf einen Blick auf ihren Computermonitor, runzelte die Stirn und erklärte dann ungläubig: »Ich sehe gerade, dass in Ihrem Leserkonto keine Mailadresse hinterlegt ist. Könnten Sie mir die vielleicht verraten?«

Was sollte ich machen? E-Mail hatte ich trotz Svens wiederholter Empfehlungen nicht, das gab ich notgedrungen zu. Prompt wurde das Runzeln auf der Stirn der Dame tiefer. »Echt nicht?«

Ich schüttelte beschämt den Kopf.

»Dann schicken wir Ihnen eben ein entsprechendes Schreiben per Post«, seufzte sie kopfschüttelnd. »Dauert halt ein bisschen länger.«

Das mache doch nichts, beeilte ich mich zu versichern, während die Dame meine Buchvormerkung in ihren Computer eintippte. Dann blickte sie wieder auf und erklärte: »Das Ganze können Sie übrigens auch online erledigen. Ich meine nachsehen, ob wir ein Buch haben, ob es gerade ausgeliehen ist, und es gegebenenfalls für sich zurücklegen lassen. Und natürlich auch ein ausgeliehenes verlängern. Sie müssen nur auf die Seite der Stadtbibliothek gehen und Ihre Lesernummer eingeben. Das ist alles.«

Zum Glück fragte sie mich nicht, ob ich verstanden hätte, sondern schenkte mir nur ein weiteres freundliches Lächeln, dann wandte sie sich einem jungen Mann zu, der geduldig hinter mir gewartet hatte.

Ich hatte das peinliche Erlebnis schon fast vergessen, da stieß ich in einer Zeitschrift auf einen Bericht über die digitalen Verhältnisse im modernen Schweden, den ich zunächst eher widerwillig, dann jedoch mit wachsendem Erstaunen las. Auch dort hat man sich demnach gefragt, wie man der älteren Generation den Umgang mit der Onlinewelt näherbringen könnte. Das Resultat dieser Überlegungen war eine seither wöchentlich ausgestrahlte Fernsehsendung, in der der moderne, immer digitaler werdende Alltag speziell Menschen fortgeschrittenen Alters erklärt und dazu praktische Hilfestellung gegeben wird. In der Sendung, sie heißt *Senioren-Surfer*, erklären Experten zum Beispiel älteren Mitbürgern in einfachen Worten, was eine App, also ein Anwenderprogramm für ein Smartphone, ist, wie man sie auf das eigene Handy laden und was man damit anfangen kann. Derartiges Wissen, speziell im Umgang mit Bezahlvorgängen, wird in Schweden nämlich immer wichtiger, ist doch Bargeld dort schon fast ausgestorben. Bezahlt wird mittels Smartphone und Bank-App. Damit legitimiert man sich bei allen möglichen digitalen Diensten: von der Schul- bis hin zur Gesundheits-Ärzte-App. Wer sich da nicht einloggen kann, ist so gut wie verloren. Auch Parkautomaten hat man vielerorts schon länger durch spezielle Apps ersetzt, und wer einkaufen, shoppen, einen Arzttermin buchen, Theaterkarten vorbestellen oder einen

Platz in einem Lokal reservieren will, ist ohne spezielle Smartphone-Programme ebenfalls aufgeschmissen.

Schweden führe uns vor Augen, hieß es in dem Artikel, wohin die Reise auch bei uns zweifellos gehen werde. Das Leben werde zunehmend digitaler, ohne Handy funktioniere bald kaum noch etwas. Und zukünftig gewinne das Smartphone sogar noch an Bedeutung, wenn nämlich die elektronische Patientenakte und der digitale Impfpass eingeführt würden. Wer älter sei und die modernen Möglichkeiten mangels Kenntnis und Erfahrung nicht nutze, habe es da schwer. Was für die Jungen praktisch und normal sei, werde für die ältere Generation allerdings nicht selten zu einem unüberwindbaren Hindernis. Es sei denn, die Senioren gingen mit der Zeit und lernten beizeiten, sich zurechtzufinden.

Spätestens nachdem ich das gelesen hatte, nahm ich mir vor, meine Abneigung gegen alles Digitale noch einmal gründlich zu überdenken und auf meinem Handy vielleicht doch das eine oder andere Anwenderprogramm zu installieren. Wobei ich vor allem an ein Programm zur Pflanzenerkennung, wie es mir ein Nachbar einmal vorgeführt hatte, sowie an eine Wettervorhersage-App dachte. So schwer konnte es doch nicht sein, damit zurechtzukommen. Besaßen mittlerweile nicht sogar schon Grundschüler Smartphones? Wenn die damit keine Probleme hatten, musste ein gestandener Mann wie ich das ja wohl auch hinbekommen.

Aber wie das so ist mit guten Vorsätzen, von Tag zu Tag geraten sie mehr in Vergessenheit, bis man irgendwann nicht mehr an sie denkt und sich erst wieder daran erinnert, wenn ein konkreter Anlass vorliegt. Bis dahin missachtet, ja verdrängt man geradezu die vielen Momente, die einen eigentlich veranlassen müssten, nach- und umzudenken. So überreichte mir etwa die

Kassiererin im Supermarkt ungefähr einen Monat vor Beginn des Computerkurses mit Romy ein Los, mit dem man, wie sie versicherte, einen ansehnlichen Geldbetrag gewinnen konnte. Dazu müsse man nur eine Nummer freirubbeln und diese dann auf einer Internetseite eingeben, um in Sekundenschnelle zu erfahren, ob man einen Gewinn – und wenn ja, in welcher Höhe – oder eine Niete gezogen habe. Hätte ich mich seinerzeit schon mit dem Internet ausgekannt, wer weiß, welch ansehnlichen Betrag ich hätte einstreichen können. Dachte ich jedenfalls damals noch. Heute sehe ich die Sache mit den Gratislosen weitaus kritischer, aber dazu später mehr.

Etwa um dieselbe Zeit wollte ich die begeisterte Empfehlung eines jüngeren Lehrers, der kurz vor meiner Pensionierung an die Schule gekommen war, befolgen und mir Lebensmittel kostenfrei vom Supermarkt nach Hause liefern lassen. Doch das ging leider nicht, weil man das Benötigte nur online bestellen konnte und ich keine Ahnung hatte, wie das funktionierte. Und als ich schließlich meinen Jagdschein verlängern wollte, benötigte ich dazu ein Formular. Und woher sollte ich das bekommen? Sie ahnen es: natürlich von der Internetseite der Jägervereinigung. Dort stand es zum – wieder so ein dämlicher Anglizismus – »Download« und anschließenden Ausdruck bereit. Dass zu einem Computer zwangsläufig auch ein Drucker gehört, stand also offensichtlich fest. Mein Sohn Sven half mir freundlicherweise aus der Patsche, schenkte mir ein altmodisches Gerät, das er selbst nicht mehr verwendete, und fragte mich dabei aber grinsend, wie lange ich denn noch gedenke, mir den Fortschritt vom Leib zu halten.

Zu dem ja wohl auch diese komischen Quadrate mit den wirren Strukturen im Inneren gehören, die man heutzutage überall sieht. Mittlerweile weiß ich, dass sie QR-Codes heißen und dem Anwender ermöglichen, ruckzuck eine Internetseite aufzurufen, deren Inhalt im Moment gerade hilfreich ist. Dass ich mich im Gegensatz zu vielen anderen nicht dazu in der Lage sah, ein derart – das muss ich aus heutiger Sicht zugeben – geniales Hilfsmittel zu benutzen, wurde mir besonders schmerzlich beim Besuch einer Renoir-Ausstellung bewusst, wo bei jedem Gemälde ein solcher Code die Möglichkeit bot, sich über das spezielle Werk mühelos weitergehende Informationen zu beschaffen.

Und dann war da noch das Erlebnis mit einem Bekannten – höchstens zehn Jahre jünger als ich –, der über mich den Kopf schüttelte, als wir uns auf der Straße trafen und ich ihm erzählte, ich müsse noch zur Bank, um eine Überweisung zu tätigen. Das war am Donnerstag vor dem Straßenfest – ich erinnere mich noch so genau an den Termin, weil ich gerade vom Grillfleisch-Kaufen kam.

»Warum erledigst du das nicht online?«, fragte er arglos. »Geht doch viel schneller und bequemer.«

Als ich ihm gestand, weder über einen modernen Computer noch über die geringste Ahnung vom Onlinebanking – immerhin den Begriff kannte ich schon – zu verfügen, schüttelte er verständnislos den Kopf. »Na ja, musst du selber wissen.« Damit drehte er sich um, um zu gehen. Doch dann stoppte er noch einmal und blickte mich nachdenklich an. »Du schreibst doch immer wieder mal Artikel für die hiesige Tageszeitung, richtig?«

Kopfnickend bejahte ich. »Stimmt. Über irgendwelche lokalen Veranstaltungen und hin und wieder über eine Theaterpremiere. Warum?«

Anstelle einer Antwort reagierte er mit einer Gegenfrage: »Und wie verfasst du die? Handschriftlich? Oder mit der Schreibmaschine?«

»Mit der Maschine. Früher habe ich sie unserer Schulsekretärin diktiert.«

»Und wenn du mal einen Fehler tippst? Oder den Text nachträglich ändern möchtest?«

»Wozu gibt es Tipp-Ex? Notfalls schreib' ich ihn halt noch mal.«

Er blickte mich, bedächtig den Kopf schüttelnd, länger an. »Also mit Verlaub. Das ist doch Steinzeit. Das macht heutzutage kein Mensch mehr so.«

Ich zuckte mit den Schultern. »Ich schon. Hab' ich schon immer so gemacht. Und hat ja auch immer funktioniert.«

Er lachte kurz auf. »Sicher. Du gehst doch zur Jagd. Und erlegst du einen Rehbock wie in alten Zeiten mit Pfeil und Bogen oder ohne Zielfernrohr über Kimme und Korn? Nein, tust du nicht. Und eure Wäsche wascht ihr doch bestimmt auch nicht mehr per Hand, oder?«

Ich schüttelte den Kopf. Und wusste natürlich, worauf er hinauswollte. »Du meinst, ich sollte alles auf dem Computer schreiben?«

»Na klar. Mit einem Textverarbeitungsprogramm. Das hat doch nur Vorteile. Du kannst Tippfehler mühelos ausbessern, Manuskriptabschnitte nach Belieben verschieben, bestimmte Passagen durch Kursiv- oder Fettdruck hervorheben, Schriftform und -farbe so oft ändern, wie du willst, Seitenränder, Zeilenabstände und Absätze formatieren, wie es dir gefällt. Und wenn du fertig bist, speicherst du das Ergebnis einfach ab und kannst somit jederzeit wieder darauf zurückgreifen. Und deinem Auftraggeber schickst du den Text ganz einfach per Mail. Dann muss der ihn nicht noch mal mühsam eintippen. Und falls er irgendeine Änderung wünscht, ist das für dich überhaupt kein Problem.« Er machte eine kurze Pause und sah mich nachdenklich an. »Aber das ist natürlich ganz und gar deine Sache. Wenn dir das Schreiben mit der Maschine so viel Spaß macht …«

»Ich werd' darüber nachdenken«, beendete ich unser Gespräch. Und das tat ich dann in den nächsten Tagen und Wochen ausgiebig. Sogar in meinen nächtlichen Träumen verfolgte mich die Angelegenheit, sodass ich mehrfach heftig schnaufend aufwachte und Ella sich besorgt erkundigte, ob mit mir alles in Ordnung sei. Aber den nächsten Zeitungsartikel schrieb ich dann doch wieder auf meiner mir so vertrauten Maschine und schickte das getippte Resultat per Post an den Verlag. Wobei ich mich, ehrlich gesagt, schon fragte, ob man dort über mein Vorgehen nicht insgeheim lächelte.

Der endgültige und ausschlaggebende Anlass, mich endlich ernsthaft mit der digitalen Welt zu befassen, war schließlich ein Erlebnis am darauffolgenden Freitag. Da war ich zum Bahnhof gefahren, um für mich und Ella ein Ticket nach München zu kaufen, wo wir alte Freunde aus der Studienzeit besuchen wollten. Doch als ich das Gebäude betrat, wurde mir schnell klar, dass das eine zeitraubende Angelegenheit werden würde. Denn vor dem Fahrkartenschalter staute sich eine lange Schlange von Menschen, die offenbar alle ebenfalls irgendwohin verreisen wollten. Ich beobachtete die Szenerie eine Weile und berechnete dann überschlagsmäßig, dass ich mindestens eine Dreiviertelstunde würde anstehen müssen. Und das auch nur, wenn vor mir nicht noch mehr Leute wie der ältere Herr warteten, der gerade an der Reihe war und die Bahnmitarbeiterin offensichtlich bezüglich sämtlicher Varianten einer Reise nach Belutschistan einschließlich möglicher Ausweichstrecken und tariflicher Sparangebote ausfragte. Bis ich dann tatsächlich drankam, war weit mehr als die veranschlagte Dreiviertelstunde vergangen.

Noch am selben Abend erzählte ich meiner Tochter Kerstin von dem Vorfall, und wie reagierte die? Keine Spur von Bedauern oder auch nur Mitgefühl. Stattdessen schadenfrohes Kichern, begleitet von der Frage, warum ich mir nicht endlich einen zeitgemäßen Computer zulegte, um die Fahrkarte bequem zu Hause zu bestellen und auszudrucken. Online meine sie. Und da sie meine Antwort offensichtlich vorausahnte, fügte sie gleich noch hinzu: »Ich hätte dir selbstverständlich geholfen. Gar kein Problem. Also denk bitte in Zukunft daran.«

Das nahm ich mir fest vor und ergriff dann ja auch gleich am nächsten Tag die Chance der wechselseitigen Unterrichtsvereinbarung mit Romy. Die hat seither erstaunlicherweise gehalten. Noch immer stehe ich ihr regelmäßig bei der für sie ominösen Sprache unserer westlichen Nachbarn bei, und noch immer erteilt sie mir ebenso regelmäßig privaten Computerunterricht.

An diesem Unterricht möchte ich Sie im Folgenden ein wenig teilhaben lassen. Der läuft jetzt schon eine ganze Weile, und ich muss zugeben, dass ich an der Sache, je besser sie mir vertraut wird, immer mehr Spaß habe. Inzwischen haben wir die Zahl der wöchentlichen Unterrichtseinheiten von einer auf zwei verdoppelt, was nicht nur meinen Kenntnissen und Fähigkeiten, sondern auch meiner Lehrerin beziehungsweise ihren Leistungen in Französisch erheblich zugutegekommen ist.

Junge Lehrerin, alter Schüler

Mittlerweile steht Romy in der Fremdsprache auf einer sicheren 2–3, bei einem Grammatiktest hat sie neulich sogar eine 1– geschafft. Und ich bin fast schon Experte in Google, Onlinebanking einschließlich Überweisungen und Anlage von Daueraufträgen, Internethandel und allerlei anderen Dingen, mit denen man sich heutzutage – das gebe ich mittlerweile ehrlich zu – das Leben erheblich leichter machen kann. Schon allein deshalb, weil man überall auf Internetseiten verwiesen wird, auf denen man sich etwa über die Bedienung von Geräten, kulturelle Veranstaltungen oder Freizeitaktivitäten wie Sport und Reisen schlaumachen kann. Dass man zu derlei Dingen Zugang hat, sprich einen Computer besitzt und sich damit auskennt, wird ja schon seit Längerem stillschweigend vorausgesetzt.

Freilich ist der Unterricht für mich oft alles andere als ein Zuckerschlecken, und immer wieder muss ich nach der Bedeutung von Fachausdrücken wie Cloud, Bot, Firewall und Virtual Reality fragen. Je mehr ich frage und Romy – stets ebenso geduldig wie fachkundig – antwortet, desto mehr bewundere ich die heutige Jugend, die sich mit derlei Dingen, warum auch immer, offenbar so leichttut wie ein Kleinkind mit dem Erlernen der Muttersprache. Jungen und Mädchen müssen dafür weder spezielle Kurse besuchen noch Bücher lesen, mit der Zeit haben sie den Bogen einfach raus und gehen mit Computer und Smartphone derart geschickt, ja fast spielerisch um, dass man meinen könnte, sie hätten ihr digitales Wissen mit der Muttermilch eingesogen.

Dass ich bisher trotz aller Widrigkeiten und Verständnisprobleme durchgehalten habe, hat mehrere Gründe: Erstens ist Romy eine ausgesprochen geduldige und einfühlsame Lehrerin. Viele der jungen Referendarinnen, die ich im Laufe meiner schulischen Tätigkeit erlebt habe, könnten sich ein Beispiel an ihr nehmen. Zweitens fühle ich mich seither irgendwie besser zur Gesellschaft gehörig. Und drittens lese ich immer öfter Artikel, in denen es über die Verbreitung und Nutzung digitaler Verfahren in anderen, uns in dieser Hinsicht überlegenen Ländern geht, von Schweden war diesbezüglich ja schon die Rede. In praktisch jedem dieser Artikel wird erwartungsvoll darauf hingewiesen, dass die Zustände bei uns in Deutschland in absehbarer Zeit hoffentlich genauso sein werden. Wer dann nicht digital fit sei, schließe sich freiwillig von vielen Aspekten des modernen Lebens aus. Zwar weiß ich nicht, ob ich das alles noch erleben werde, aber es ist sicher vernünftig vorzusorgen, um nicht irgendwann quasi abgehängt durchs Leben tappen zu müssen und, das wäre das Schlimmste, von den Jüngeren mitleidig belächelt zu werden. So wie wir das – heute schäme ich mich dafür – mit unseren Großeltern getan haben, als immer mehr technische Errungenschaften in unser Leben einzogen, mit denen sie heillos überfordert waren. Doch der Reihe nach.

Nachdem ich mich lange gesträubt habe, steht dann irgendwann doch ein neuer, leistungsfähiger Computer vor uns, und mir ist fast feierlich zumute, als ich die Start-Taste betätige. Aber wenn ich nun erwarte, Romy und ich könnten sofort mit der ersten Unterrichtseinheit beginnen, sehe ich mich getäuscht. Denn erst einmal tut der Rechner nichts anderes als abwechselnd brummen, schnarren und leise pfeifen.

Stirnrunzelnd blicke ich meine junge Lehrerin an, doch die schüttelt nur lächelnd den Kopf. »Kein Grund zur Beunruhigung. Der bootet nur.«

Den Ausdruck habe ich zwar schon mal irgendwo gehört, kann aber, ehrlich gesagt, nichts damit anfangen.

»Der lädt das Betriebssystem in den Hauptspeicher«, erklärt Romy, merkt aber wohl sofort, dass mir das auch nichts sagt, und ergänzt daher: »Kurz gesagt, der bringt sich in einen arbeitsfähigen Zustand. So, dass er das gewünschte Anwenderprogramm ausführen kann.«

Damit gebe ich mich achselzuckend zufrieden. Hauptsache, die Geräusche sind normal und kein Grund zur Beunruhigung. Doch dann gleich das nächste Problem: Der Computer verlangt von mir, den Zugang mit einem sogenannten Passwort abzusichern.

»Wozu das?«, frage ich Romy.

»Das soll verhindern, dass irgendein Unberechtigter Ihren Rechner starten kann.«

»Brauche ich nicht«, erkläre ich entschieden. »Unbefugte haben an meinem Schreibtisch nichts verloren.«

»Und Ihre Enkel? Sind Sie sicher, dass die, wenn Sie gerade mal abwesend sind, nicht vielleicht irgendwas damit erledigen wollen?«

Das kann ich, wenn ich es mir recht überlege, natürlich nicht ausschließen. Besonders Jonathan traue ich in dieser Hinsicht eine Menge zu. Wenn in unserer Familie etwas Absonderliches passiert, kann man fast sicher sein, dass er seine Hände im Spiel hat. Schon als kleiner Junge hat er die Schnürsenkel meiner im Flur abgestellten Schuhe so fest miteinander verknotet, dass ich sie abschneiden musste. Und mehr als einmal haben Sven und Julia ein Schreiben seiner Klassenlehrerin erhalten, sie möchten doch bitte wegen irgendeines Unfugs, den er wieder mal angestellt hatte, zu einem Elterngespräch vorbeikommen. Unter diesen Umständen kann es sicher nicht schaden, wenn ich der Festlegung eines Passwortes zustimme.

»Was soll ich denn da nehmen?«

»Es muss eine Zeichenfolge sein, die Sie sich leicht merken können, von der Sie also sicher sind, sie auf keinen Fall zu vergessen, auf die andere aber nicht so ohne Weiteres kommen.«

»Was bedeutet das – Zeichenfolge?«

»Na ja, Buchstaben, Zahlen, irgendwelche Symbole wie Kreuz, Raute, Paragraf oder Prozent. Und das in beliebiger Reihenfolge.«

»Buchstaben gehen auch?« Ich denke eine Weile schweigend nach. »Wie wär's mit meinem Namen? Hermann? Den vergesse ich garantiert nicht.«

»Auf gar keinen Fall!« Romy reißt derart entsetzt die Augen auf, als hätte ich sie geohrfeigt. »Den sollen andere nicht erraten können? Vergessen Sie's! Und kommen Sie jetzt bloß nicht auf die Idee, Ihren Geburtstag oder sonst irgendwelche Ziffern zu benutzen, die mit Ihnen persönlich zu tun haben. Um so ein Passwort zu knacken, brauchen Profis maximal eine halbe Minute.«

Ich nicke schuldbewusst. Davon habe ich sogar schon mal gehört. »Schlag du was vor.«

»Was haben Sie denn für Hobbys? Gehen Sie nicht auf die Jagd?«

Ich nicke lächelnd. »Ja, wenn auch nicht mehr so oft wie früher. Sollen wir ›Rehbock‹ nehmen oder ›Keiler‹? Oder ...« – ich denke einen Augenblick schweigend nach – »... vielleicht Hauptschwein?«

»Na ja, ich weiß nicht.« Romy schüttelt energisch den Kopf. »Da gibt's doch so komische Jagdrufe, oder?«

»Du meinst ›Waidmannsheil‹. Oder ›Halali‹ oder ›Horrido‹?«

»Genau. Wie heißt das letzte? Horri-was?«

»Horrido. Das ist so eine Art jagdlicher Hochruf. Sollen wir den nehmen?«

Wieder nickt sie nachdenklich. »Ja, aber natürlich mit Abänderung. Sonst ist's wieder zu leicht. Drehen wir Horrido doch einfach um.« Sie überlegt kurz. »Also Odirroh. Dann noch ein Sonderzeichen, sagen wir eine Raute, also Odirroh-Raute, und zum Schluss noch eine Zahl. Irgendeine Vorliebe?«

Ich schüttle verwirrt den Kopf. »2006? Das Geburtsjahr meiner Enkelin?«

Romy strahlt. »Perfekt. Odirroh-Raute-06. Das dürfte sicher genug sein. Sollten Sie aber immer mal wieder ändern.«

Ich verzichte darauf, sie nach dem Grund für diese Maßnahme zu fragen. Dazu bin ich viel zu sehr mit der mentalen Abspeicherung von Odirroh-Raute-06 beschäftigt. Wenn mir jemand noch letzte Woche gesagt hätte, so einen Quatsch müsste ich mir fest einprägen, ich hätte ihn ausgelacht. Doch als ehemaliger Deutschlehrer, der eine Menge Gedichte aller möglichen Autoren fehlerfrei deklamieren kann, bin ich ja im Auswendiglernen nicht gerade ungeübt. Da werde ich das mit dem blöden Passwort ja wohl auch noch hinbekommen. Obwohl … »Vielleicht wäre es doch besser …?«

Romy schüttelt den Kopf. Offenbar hat sie mir meine Gedanken angesehen. »Vergessen Sie's! Passwörter hat man im Kopf und sonst nirgendwo. Jedenfalls nicht im Geldbeutel und auch nicht auf irgendwelchen Zetteln.«

Ich stöhne zerknirscht. »Wenn du meinst. Schließlich bist du hier die Chefin.« Romy nippt an ihrem Orangensaft, und ich nehme einen Schluck Kaffee. »Wie geht's jetzt weiter?«

Sie überlegt ein paar Sekunden. »Beim nächsten Mal richten wir E-Mail ein. Sie haben doch inzwischen WLAN, oder?«

Ich nicke erleichtert. »Das hat Sven letzte Woche eingerichtet.«

Tatsächlich hat mich mein Sohn, als ich stolz verkündete, mir jetzt auch einen zeitgemäßen Computer anschaffen und online tätig werden zu wollen, auf die Notwendigkeit eines drahtlosen Netzwerks hingewiesen und sich auch gleich angeboten, so etwas in unserer Wohnung zu installieren.

Bevor wir richtig loslegen, muss ich allerdings erst noch lernen, mit der Maus umzugehen. Das sieht bei Leuten, die es beherrschen, total einfach aus, doch jetzt stelle ich fest, dass das ständige Hin und Her beziehungsweise Auf und Ab mit dem Teil durchaus trickreich ist. Eine eingegangene Mail auf diese Weise auszuwählen geht ja noch. Als ich aber einen von zwölf Einträgen auf einer eng beschriebenen Liste treffen will, stellt sich das als höchst vertracktes Manöver heraus. Bei mir jedenfalls. Während nämlich Romys Cursor auf dem Monitor von der Stelle, auf der er gerade steht, zu seinem Ziel eine gerade Linie, und das auch noch sehr schnell, beschreibt, torkelt meiner herum wie eine betrunkene Wanze. Allein schon eines der am unteren Bildschirmrand – heute weiß ich, dass man den Bereich »Taskleiste« nennt – sichtbaren Programmsymbole auszuwählen, bereitet mir eine ganze Weile erhebliche Schwierigkeiten. Ganz besonders, wenn dann auch noch ein Doppelklick vonnöten ist. Mit dem Ergebnis, dass der Computer die meiste Zeit alles andere tut als das, was ich geplant habe. Wobei erschwerend hinzukommt, dass ich immer wieder die rechte statt der linken Taste drücke sowie Einzel- und Doppelklick durcheinanderbringe.

Doch Romy beruhigt mich geradezu liebevoll: »Reine Übungssache. Das muss man nur oft genug machen, dann klappt es immer besser, und mit der Zeit braucht man gar nicht mehr nachzudenken. Das Cursorziel zu treffen schafft man dann fast blind.«

»Dein Wort in Gottes Ohr«, brumme ich, während ich auf Romys Geheiß mit mäßigem Erfolg versuche, ein spezielles Wort in einem längeren Text mit einem Doppelklick zu markieren.

Apropos Text: Da fällt mir natürlich gleich wieder mein Gespräch mit dem Bekannten ein, der mir dringend Onlinebanking und Aufsatzschreiben mittels Computer anstelle einer Schreibmaschine empfohlen hat.

»Wie sieht's eigentlich mit Textverarbeitung aus?«, frage ich Romy daher. »Du weißt ja, dass ich hin und wieder einen Artikel für die Zeitung schreibe. Da wäre es doch sicher praktisch, mit der Zeit zu gehen und das nicht mehr per Schreibmaschine zu tun. Zumal ich ja jetzt dank deiner Hilfe gewissermaßen zu den Computer-Durchblickern gehöre.«

»Na klar«, stimmt sie mir sofort zu. »Das ist eigentlich ein Muss. Kein Mensch …« Sie zuckt leicht zusammen. »Ich meine, so gut wie jeder, der regelmäßig schreibt, tut das heute mit Word oder einem anderen Textverarbeitungsprogramm. Das hat doch jede Menge …«

»Vorteile«, unterbreche ich sie. »Ich weiß. Und sehe es ja auch ein. Aber ich habe von der Sache halt überhaupt keine Ahnung. Könntest du nicht vielleicht …?«

Sie schüttelt den Kopf. »Ich kenne mich mit Word zwar einigermaßen aus, aber eben nur einigermaßen. Wenn Sie das quasi beruflich nutzen wollen, sollten Sie schon ein bisschen tiefer in die Materie einsteigen. Am besten, Sie machen einen speziellen Kurs, zum Beispiel an der Volkshochschule oder bei irgendeinem Fortbildungsinstitut. Gibt es meines Wissens sogar online. Da müssen Sie sich halt mal erkundigen. Über Google natürlich. Zur Not tut's auch ein Buch. Von denen gibt es eine ganze Menge. Die haben allerdings den Nachteil, dass man sich zum Lernen immer wieder selbst aufraffen muss, anstatt nur regelmäßig einen entsprechenden Unterricht zu besuchen. Für mich wäre das nichts, dazu bin ich nicht konsequent genug.«

Ich nicke versonnen. Und nachdem Romy und ich uns im Anschluss an unsere Digital-Französisch-Unterrichtseinheit verabschiedet haben, kaufe ich mir in einer hiesigen Buchhandlung eine reich bebilderte und gut verständliche »Word«-Anleitung. Und noch am selben Abend schalte ich meinen Computer ein, höre geduldig zu, während er bootet, und beginne mit dem Onlinestudium.

»Das Nächste, was wir tun müssen, ist, einen Mailaccount einzurichten«, verkündet Romy kategorisch, als wir uns wieder treffen.

»Einen was?«, frage ich stirnrunzelnd.

»Einen Zugang zum Mailsystem. Oder einfacher: eine E-Mail-Adresse. Als Domain schlage ich Gmail vor. Habe ich selbst auch.«

Ich schüttle verständnislos den Kopf. »Du denkst schon daran, dass ich von derlei Dingen noch immer keine Ahnung habe? Was um Himmels willen ist eine Domain und was Gmail?«

Romy grinst schuldbewusst. »Verzeihung. Die Domain ist der Dienst, der den Account verwaltet, und Gmail ist eine Abkürzung für Google Mail. Aber das müssen Sie eigentlich gar nicht wissen. Entscheidend ist, dass wir eine Adresse für Sie finden, die es noch nicht gibt. Darf ruhig ein bisschen originell sein.«

Ich nicke schicksalsergeben. Dass ich all das Fachchinesisch nicht verstehen muss, beruhigt mich einigermaßen. »Ich glaube nicht, dass mir da etwas einfällt.«

»Hatten Sie denn in der Schule keinen Spitznamen? Den hat doch irgendwie fast jeder Lehrer. Ist bei mir an der Schule jedenfalls so.«

»Na ja«, antworte ich zögernd. »Da gibt's schon was. Aber ich weiß nicht …«

»… ob sich das eignet?«, fällt sie mir ins Wort. »Was ist es denn?«

»Bei meinen Schülern war ich wohl dafür bekannt, ständig zur Eile zu drängen. Und da habe ich offenbar häufig ›ruckzuck!‹ gesagt.«

Romy sieht mich zweifelnd an. »Ruckzuck@gmail.com? Könnte mir vorstellen, dass es das sogar schon gibt.«

»Nein, nicht ruckzuck. Ich habe doch, wie du ja mittlerweile wissen dürftest, Französisch unterrichtet. Und da spricht man das U ja wie Ü aus.«

Sie lacht laut auf. »Rückzück? Das ist spitze. Aber …« Sie runzelt die Stirn.

»Aber was?«

»Ein Ü darf die Adresse nicht enthalten, beziehungsweise nur in Form von ue. Und ck geht auch nicht.«

Jetzt bin ich es, der kurz lacht und dann breit grinst. »Dann wären wir bei ruekzuek@gmail.com, richtig?« Dabei spreche ich das Ruekzuek absichtlich gedehnt aus und fahre dann fort: »Das gefällt mir. Sehr sogar.«

Sie nickt. »Ja, hat was. Aber das verbindet doch kein Mensch mit Ihnen.«

Diesmal ist meine Reaktion eher eine Art Meckern wie von einer Ziege. »Das ist doch gerade das Gute. Diejenigen, die mich gut kennen, wissen auch meinen Spitznamen. Und bei den anderen lege ich keinerlei Wert darauf, ständig mit Mails belästigt zu werden.« Kurze nachdenkliche Pause. »Ging ja schließlich bislang auch gut ohne.«

Inzwischen hat Romy schon eine Internetseite aufgerufen und gibt in das dafür vorgesehene Feld »ruekzuek@gmail.com« ein, wobei sie mir beiläufig mitteilt, dass das komische Zeichen in der Namensmitte »at« ausgesprochen wird. »Das gibt's tatsächlich noch nicht«, verkündet sie dann kichernd. »Hätte mich auch gewundert.«

Und während sie mich breit angrinst, spüre ich, wie sich in mir allmählich so etwas wie Stolz breitmacht. Eine eigene Mailadresse, so etwas hatte ich bislang noch nicht. Damit gehöre ich jetzt doch irgendwie dazu. Aber blöderweise ist die Angelegenheit damit noch nicht erledigt. Denn das von Sven freundlicherweise installierte WLAN – der Ausdruck steht laut Romy für das englische Pendant zu »drahtloses Netzwerk« – benötigt auch noch einen Namen und ein Passwort.

»Bei dem kommt es allerdings nicht auf Geheimhaltung an«, doziert Romy. »Wenn Sie in einem Hotel einchecken, bekommen Sie ja auch fast überall einen Zettel, auf dem der Name des hauseigenen WLANs und das zugehörige Kennwort stehen. Sonst würde Ihnen das ja nichts nützen.«

Um es kurz zu machen: Wir nennen mein WLAN ebenfalls »ruekzuek«. Zugegeben, nicht besonders originell, aber dafür gut zu merken.

»Prima«, konstatiert Romy. »Jetzt wollen wir das Ganze gleich mal ausprobieren. Schreiben Sie mir mal eine Mail. Meine Adresse ist romycicchi@gmail.com.«

»Dass du Romy heißt, weiß ich zwar schon länger, hatte aber keine Ahnung, dass du einen italienischen Nachnamen hast«, sage ich, während ich, wie Romy es mir gezeigt hatte, auf dem Computer »Neue E-Mail« auswähle und die Adresse sorgfältig eintippe. Ihr Vater sei Italiener, genau genommen Sizilianer, erklärt sie, ihre Mutter aber Deutsche. Und ihr Nachname spreche sich korrekt »Tschiki« aus und nicht »Tschitschi«, wie die meisten hierzulande dächten. »So wie bei ›Pinocchio‹.«

»Ist mir klar«, erwidere ich. Dann gebe ich bei »Betreff«, stolz auf meine Italienisch-Kenntnisse, »Saluti a Romy« und als Text »Cara Romy, tu sei la miglior insegnante del mondo« ein, was so viel heißt wie: »Du bist die beste Lehrerin der Welt«, und drücke zum ersten Mal in meinem Leben auf »Mail senden«. Keine fünf Sekunden später gibt ihr Handy ein leises Ping von sich, und Romy zeigt mir lächelnd, dass die Nachricht bei ihr eingetroffen ist.

Sie lächelt mich an. »Haben Sie eigentlich die Absicht, in Zukunft online einzukaufen? Ich meine, übers Internet Bestellungen aufzugeben? Meine Eltern machen das die ganze Zeit. Und ich hin und wieder auch. Ist ja auch echt praktisch. Man hat eine enorme Auswahl, kann zu Hause in aller Ruhe wählen und vorher noch lesen, wie andere mit dem Artikel zufrieden sind beziehungsweise ob es daran etwas auszusetzen gibt. Und wenn man sich echt mal vertut, etwa ein Kleidungsstück bestellt, das einem nicht gefällt oder nicht passt, schickt man es einfach wieder zurück. Portofrei natürlich. Und bekommt anstandslos sein Geld zurück.«

»Ich weiß«, sage ich nachdenklich nickend, »dass das heutzutage sehr viele Leute so machen. Aber ich habe da halt gar keine Erfahrungen. Wieso fragst du?«

»Weil es dann sinnvoll wäre, ein PayPal-Konto einzurichten. Damit können Sie das, was Sie gekauft haben, total schnell und unkompliziert bezahlen. Und sind sogar noch so etwas wie versichert. Falls Sie mal etwas Falsches oder nicht Einwandfreies geliefert bekommen. Allerdings …«

Ich muss unwillkürlich grinsen. »… brauche ich dazu wieder ein Passwort, stimmt's?«

Jetzt lacht auch Romy. »Exakt. Damit nur Sie allein Zugriff auf Ihr Konto haben. Aber damit befassen wir uns das nächste Mal, okay?«

»Okay«, stimme ich zu und bin mir dabei bewusst, dass ich noch vor wenigen Wochen mit Sicherheit »in Ordnung« gesagt hätte.

PayPal, das habe ich schon mal irgendwo gehört. Mir aber nie darüber Gedanken gemacht, was das ist und wozu es dient. Doch das wird sich ja bald ändern. Erstaunlicherweise stellt sich die Eröffnung eines PayPal-Kontos dann als total einfach heraus. Eine Mailadresse, auf die ich insgeheim stolz bin, habe ich ja mittlerweile, jetzt muss ich nur noch mein Bankkonto als letztinstanzliche Geldquelle angeben und das Ganze mal wieder mit einem Passwort absichern. Zum Glück hat Romy nichts dagegen, das mir mittlerweile infolge ständigen Vor-mich-hin-Sprechens vertraute Odirroh-Raute-06 zu benutzen. Das war's schon. Und wie erhofft, wenn auch nicht wirklich erwartet, klappt eine Probeüberweisung von 50 Cent auf das PayPal-Konto von Sven vollkommen reibungslos. Eigentlich hatte ich Romy als Zahlungsempfängerin vorgesehen, doch dann lasse ich mich von ihr belehren, dass man zur Nutzung von PayPal mindestens 18 sein muss.

Odirroh-Raute-06 – das lässt mich auch in den nächsten Tagen nicht los. Auf gar keinen Fall will ich mir die Blöße geben, beim nächsten Computerstart neben Romy zu sitzen und nicht weiter zu wissen. Odirroh-Raute-06 – das verfolgt mich sogar bis in meine Träume. Und dann stehe ich eines Tages vor dem Geldautomaten meiner Bank, der mich bittet, meine Geheimzahl einzugeben. Insgeheim lächle ich, als ich mich anschicke, der Aufforderung nachzukommen. Doch als ich fröhlich Odirroh-Raute-06 tippen will, stutze ich. Seit wann gibt es auf dem Gerät keine Tasten für Buchstaben? Ich hatte doch bisher nie Probleme mit meiner PIN. Ich versuche mehrfach mein Glück, fange noch mal von vorne an, aber es will einfach nicht klappen. Schon beim anfänglichen O komme ich nicht weiter. Verdrossen drücke ich auf »Abbrechen«, entnehme meine Bankkarte und fahre verstört nach Hause. Dort sprudelt es, kaum dass ich unsere Wohnung betreten habe, aus mir heraus: »Du glaubst nicht, was mir gerade passiert ist.« Und dann erzähle ich Ella von meinem Missgeschick mit der PIN-Eingabe. Doch anstatt mich zu bedauern, fängt sie plötzlich an, laut zu lachen. Und lacht und lacht und kriegt sich gar nicht mehr ein.

»Odirr …«, keucht sie. »O – D – I – R …, das konntest du nicht in den Geldautomaten eingeben?« Wieder wird sie von einem Lachanfall geschüttelt. Und dann erklärt sie mir wie einem kleinen Schulkind, dass derlei Geräte seit jeher nur Tasten mit Zahlen darauf besitzen und ich ja wohl eine Geheimzahl hätte, die aus eben solchen Zahlen besteht. Und das nicht erst seit gestern. Schließlich hätte ich doch schon oft Geld vom Automaten abgehoben.

Lassen wir's dabei bewenden. Sonst kommen mir vor lauter Mich-Schämen am Ende noch die Tränen. Machen wir lieber mit der nächsten Lektion meines Kurses mit Romy weiter: der Onlinebestellung irgendwelcher Dinge. Ich schlage ein Buch vor, doch Romy meint, das solle ich lieber in der Buchhandlung kaufen. Besser sei, ich würde mich für etwas entscheiden, das ich vielleicht schon länger gerne hätte, mir in der näheren Umgebung aber nur unter Schwierigkeiten oder gar nicht beschaffen könne.

»Meinst du«, frage ich nach kurzem Nachdenken, »das funktioniert auch mit lebenden Pflanzen?«

»Ja, sicher«, strahlt sie. »Sie werden staunen, was für eine grandiose Auswahl es da gibt. Ich weiß das von der Mutter einer Freundin. Die kriegt offenbar alle paar Tage ein solches Paket. Was genau soll es denn sein?«

»Ich bin begeisterter Staudengärtner«, bekenne ich. »Weiß darüber auch wirklich gut Bescheid. Aber bisher war ich beim Einkauf halt immer auf das Angebot der paar Geschäfte hier in der Gegend beschränkt. Und das ist echt nicht gewaltig. Dabei gibt es sogar spezielle Staudengärtnereien mit super Angeboten. Zu so einer würde ich echt gerne mal hinfahren und mir vor Ort ansehen, was die so alles zu bieten haben.«

»Ist ab jetzt nicht mehr nötig«, konstatiert Romy entschieden und gibt, während sie noch spricht, bei Google schon »Staudengärtnereien« ein. Um gleich darauf einen Betrieb, dessen Name mir bekannt vorkommt, per Doppelklick aus einer Liste auszuwählen.

In der nächsten halben Stunde bringe ich vor Staunen den Mund nicht mehr zu. Von all den Stauden, die ich so sehr liebe, gibt es hier nicht nur ein, zwei Sorten, sondern zig Varianten. Dazu noch jede Menge Pflanzen, von denen ich zwar schon einmal gehört und gelesen, die ich aber noch nie in natura gesehen habe. Und dann zeigt Romy mir auch noch das gewaltige Angebot von Gärtnereien, die sich auf ganz spezielle Gewächse, etwa Dahlien oder Clematis, spezialisiert haben und von diesen wirklich alles im Angebot haben, was man sich nur denken kann. Dazu auch noch detaillierte Pflanz- und Pflegeanleitungen, Spezialdünger und weiteres nützliches Zubehör. Spätestens als ich das sehe, ist mir endgültig klar, dass meine Entscheidung, mich näher mit Computer und Internet zu befassen, eine der besten war, die ich je getroffen habe.

Begleitet von Romys fachkundigen Kommentaren bestelle ich gleich eine ganze Menge Jungpflanzen aller möglicher Formen und Farben. So einen Spaß hatte ich schon lange nicht mehr. Bei jeder Spezies muss ich mich nur noch für die Anzahl entscheiden und dann auf »In den Warenkorb« klicken. Den kann ich zwischendurch immer wieder mal einsehen, um sicherzustellen, dass ich in meinem Kaufrausch nicht ein Vermögen ausgebe.

Doch tatsächlich ist die Summe, die ich investiere, am Ende erstaunlich gering. Jetzt muss ich mich nur noch entscheiden, ob ich mich bei der betreffenden Gärtnerei als Dauerkunde registrieren lassen will – was zweifellos das nächste Passwort erfordern würde – oder ob ich erst mal »als Gast« bestelle, was mir zum jetzigen Zeitpunkt sinnvoller erscheint. Zum Schluss ploppt ein kleines Bildschirmfenster auf, das mich ratlos macht: »Zur Kasse gehen«.

»Wie jetzt das?«, stoße ich spontan aus. »Wo muss ich denn da hin?«

Romy, der meine wechselnde Begeisterung und Verblüffung sichtlich Spaß machen, beruhigt mich: »Kein Grund zur Aufregung. Jetzt kommt PayPal ins Spiel.«

Einen kurzen Moment überlege ich, ob ich bei den diversen angebotenen Zahlungsmöglichkeiten nicht vielleicht lieber »Auf Rechnung« ankreuzen soll. Das erscheint mir irgendwie sicherer, doch wieder zerstreut Romy meine Bedenken: »Können Sie natürlich machen. Aber das ist umständlich. Ich an Ihrer Stelle würde PayPal wählen. Da müssen Sie nur kurz Ihre Mailadresse und das Passwort eingeben, und schon ist die Sache erledigt.«

So machen wir es dann auch. Und gerade einmal drei Tage später bringt mir ein Paketbote das Bestellte, alles in Top-Zustand und sofort einpflanzbereit. Ich bin restlos begeistert, und als ich mir die beigefügte Rechnung ansehe, steht da deutlich sichtbar »Rechnungsbetrag bereits per PayPal erhalten«. Was will man mehr?

Dass Bestellung und Bezahlung so reibungslos funktioniert haben, macht mir Mut für weitere Computer-Aktivitäten. Und da steht laut Romy an erster Stelle die Einrichtung eines Onlinezugangs zu meinem hiesigen Bankkonto. Kaum etwas anderes sei speziell für Senioren so nützlich, wie sämtliche Bankgeschäfte von zu Hause aus erledigen zu können, meint sie, ohne jedes Mal den Weg zum jeweiligen Geldinstitut auf sich nehmen zu müssen.

Noch vor drei Wochen hätte mir die Aussicht, ohne fremde Hilfe ein Onlinekonto bei einer Bank einrichten zu müssen, den Angstschweiß auf die Stirn getrieben, doch mittlerweile fühle ich mich in derlei Dingen schon recht sicher. Und tatsächlich erweist sich die Angelegenheit als nicht einmal halb so kompliziert, wie ich insgeheim erwartet hätte. Zwei Tage später kann ich mir schon von zu Hause aus die neuesten Kontobewegungen ansehen und sogar die erste Online-Überweisung tätigen.

Als ich Romy das nächste Mal treffe, berichte ich ihr stolz, dass ich mich zu einem Onlinekurs in »Word« angemeldet und mir zudem ein Buch gekauft habe, mit dessen Hilfe ich jeden Tag ein bisschen mehr über die Geheimnisse der Textverarbeitung lerne. Und weil es gerade ums Lernen geht, führt Romy mir vor, wie man den Startbildschirm – beispielsweise mit einem Foto als Hintergrund – individuell verändern kann, wie man spezielle Anwenderprogramme lädt und nutzt, wie man im sogenannten Explorer Dateien sortiert und abspeichert oder – mittels eines Verfahrens, das natürlich nicht »Ziehen und Ablegen«, sondern »Drag und Drop« heißt – zwischen Ordnern hin- und herschiebt.

Sie zeigt mir, wie man das Startmenü an den persönlichen Bedarf anpasst, Programmfenster beliebig verändert, mit mehreren Apps gleichzeitig arbeitet und vieles, vieles mehr.

Damit beenden wir fürs Erste unseren Computerkurs. Mir ist klar, dass es in puncto Informationstechnologie noch eine ganze Menge gibt, von dem ich keine Ahnung habe, aber Romy meint, das gehe schließlich jedem so. Der eine sei in Textverarbeitung fit, ein anderer in Tabellenkalkulation, ein Dritter bei der Optimierung von Fotos und wieder einer bei der Erstellung kunstvoller Präsentationen. Die Möglichkeiten seien viel zu umfangreich, um auf allen Gebieten Experte zu sein. Und im Übrigen seien etliche Apps wie etwa Navigationshilfen, Bahnauskunft und Sprachmemos auf einem Handy, wo man sie ständig bei sich habe, viel besser aufgehoben.

Stolz, dass ich mir mittlerweile unter alledem etwas vorstellen kann, wechseln wir zu Französisch, wo diesmal die Geheimnisse und Schwierigkeiten des Subjonctif unser Thema sind, und ich stelle erfreut fest, dass sich Romy in der vertrackten Fremdsprache ebenso wie ich in der Computerei immer besser zurechtfindet.

»Gerade war doch von Learning by Doing die Rede«, beginne ich den Unterricht. »Wie würdest du das auf Französisch ausdrücken?«

Sie überlegt eine Weile mit nach oben verdrehten Augen. Um dann zu antworten: »Apprendre en faisant?«

»Perfekt!« Ich klopfte ihr anerkennend auf die Schulter. »Unser Unterricht ist, um noch einen Anglizismus zu bemühen, eine echte Win-win-Situation.«

Als wir auseinandergehen und uns schon verabschiedet haben, fällt Romy noch etwas ein: »Wie steht's eigentlich mit sozialen Netzwerken? Sie wissen schon, Facebook, Instagram, TikTok und so? Haben Sie daran Interesse?«

Über diese Frage habe ich mit Noah und Niklas auch schon diskutiert, daher habe ich die Antwort sofort parat: »Alles, wobei man sich persönlich anmelden muss, kommt für mich nicht infrage. Schließlich habe ich im Lauf der Jahre ein paar Tausend Schüler und Schülerinnen gehabt, die mich natürlich kennen. Wenn die mich beispielsweise auf Facebook entdecken, bekomme ich ständig irgendwelche – vielleicht durchaus nett gemeinte, aber auf jeden Fall lästige – Anfragen. Die alle zu beantworten und mich darüber auszutauschen, dazu habe ich weder Zeit noch Lust.«

Ich blicke Romy an und erkenne zu meiner Erleichterung, dass sie verständnisvoll nickt. »Außerdem möchte ich nicht das Risiko eingehen, dass es mir so geht wie einer guten Bekannten. Zwar bin ich als Mann wohl weniger gefährdet, auf so etwas hereinzufallen, aber ich gehe mit großen Schritten auf die 80 zu, da denkt man oft nicht mehr so klar.«

»Was war denn mit der Frau?«, fragt Romy.

»Die hatte sich bei Facebook angemeldet, um mit einer Enkelin, die in den USA lebt, in Kontakt zu bleiben. Und hat dann wohl auf die Freundschaftsanfrage eines Mannes reagiert, den sie sehr sympathisch fand und der dazu auch noch, wie sie mir erzählt hat, einem Foto zufolge sehr gut aussah. Um es kurz zu machen: Die beiden haben hin- und hergeschrieben, sie hat sich wohl in ihn verliebt, und als er sie wegen einer angeblichen finanziellen Notlage um Geld gebeten hat, wäre sie um ein Haar darauf eingegangen. Zum Glück hat sie einer Bekannten davon erzählt, und die hat ihr die Augen geöffnet. Hat sie gewarnt, dass sie höchstwahrscheinlich dabei war, einem Betrüger auf den Leim zu gehen. Ist wirklich gerade noch mal gut gegangen, das Ganze.«

»Verstehe«, sagt Romy lächelnd. »Aber Youtube ist doch bestimmt etwas für Sie, oder?«

»Was ist das noch mal genau?«, erkundige ich mich. Ich weiß, das wusste ich schon mal, aber im Moment fällt mir dazu gerade nichts ein.

»Da gibt es Millionen von Videos zu allen möglichen Themen. Ganz egal, wofür Sie sich interessieren oder worüber Sie sich schlaumachen wollen, bei Youtube werden Sie mit Sicherheit fündig. In Ihrem speziellen Fall sind es vielleicht die sicherlich zu Tausenden vorhandenen Jagdvideos, die Ihnen gefallen könnten. Oder Videos zu Gartenthemen ...« – sie lächelt mich breit an – »... speziell auch zu Stauden, bei denen selbst Sie sicherlich noch das eine oder andere lernen können. Mein Papa etwa ...« – wieder macht sie eine kurze Pause – »... schaut, wann immer er Zeit hat, Videos über Billard, das ist sein großes Hobby.«

Wenn ich meinen Computerlehrgang mit Romy schildere, könnte man meinen, das Ganze wäre für mich ein Kinderspiel, eine Art Spaziergang durch die digitale Welt. Als verstünde ich alles auf Anhieb und könne es sofort korrekt umsetzen. Doch dem ist bei Weitem nicht so. Oft muss meine junge Lehrerin mir einen Sachverhalt oder ein bestimmtes Vorgehen wieder und wieder erklären, bevor ich endlich durchblicke. Und dann habe ich das meiste bis zur nächsten Unterrichtsstunde schon wieder vergessen. Und immer wieder verwechsle ich Fachbezeichnungen, sage statt »Provider« »Profiler«, statt »Pixel« »Fixel« und – wohl durch meine Jagdleidenschaft bedingt – statt »Treiber« »Drücker«.

Doch egal, wie dumm ich mich anstelle und nebenbei immer mehr Verständnis für Schüler bekomme, die sich einfach keine französischen Vokabeln merken können, Romy verliert nicht ein einziges Mal die Geduld mit mir, sondern erklärt mir alles immer und immer wieder. Bis ich es dann irgendwann tatsächlich selbstständig hinbekomme. Wirklich eine Lehrerin par excellence!

Handys, wohin man blickt

Während ich mit Romys Hilfe immer tiefer in die Geheimnisse der digitalen Welt eintauche, staune ich ein ums andere Mal, was man speziell mit einem Smartphone jenseits von telefonieren und »whatsappen« alles machen kann und wie sehr es das tägliche Leben verändert. Tatsächlich bin ich heute davon überzeugt, dass das Handy eine der großartigsten Erfindungen der letzten 100 Jahre ist. Man kann sich damit grenzenlos im Internet bewegen, telefonieren, E-Mails empfangen und versenden, Fotos und Videos nicht nur aufnehmen und speichern, sondern sogar weltweit verschicken, Nachrichten an Personen überall auf der Welt senden, Bankgeschäfte aller Art erledigen, sich durch dichten Großstadtverkehr zu einem unbekannten Fahrtziel lotsen lassen, den Wetterbericht studieren, Unmengen von sogenannten Podcasts und Musik jedweder Richtung sowie komplette Romane hören, alles Mögliche bestellen, das dann zwei Tage später zu Hause ist, die täglichen Schritte zählen und auch sonst eine möglichst gesunde Lebensführung überwachen, Tausende von Spielen spielen und sich in sämtlichen Fremdsprachen der Welt verständigen. Und das ist noch längst nicht alles, denn die unzähligen Apps, die man auf so ein Teil laden kann, ermöglichen nahezu unbegrenzte Anwendungen.

Die Mühe, die man sich machen muss, um den Umgang mit den diversen Anwendungen zu lernen, lohnt sich daher ganz entschieden. Wobei ich allerdings, das gebe ich ehrlich zu, mehrfach Probleme hatte, die verschiedenen Apps auf dem

Handydisplay sinnvoll zu ordnen. Romy hat mir mehr als einmal gezeigt, wie man sie verschieben und neu zusammenstellen kann. Aber wenn ich das versuche, landen sie immer an einer Stelle, wo ich sie nicht haben will, oder schlüpfen gar in einen gemeinsamen Rahmen, aus dem ich sie nicht mehr herausbekomme. Aber davon abgesehen geht mir die Arbeit mit den verschiedenen Anwenderprogrammen doch von Woche zu Woche flotter von der Hand.

Allein das schon mehrfach erwähnte WhatsApp! Wie schnell und problemlos kann man damit doch mit anderen Menschen kommunizieren, ganz egal, wo auch immer auf der Welt sie sich gerade aufhalten. Ich glaube, das trägt entscheidend dazu bei, dass sich speziell von uns Älteren viele längst nicht mehr so einsam fühlen, wie das früher der Fall war. Denn wenn es uns körperliche Gebrechen schwer machen, Wohnung oder Haus zu verlassen, um andere Leidensgenossen zu treffen, können wir mit diesen jederzeit und problemlos in Kontakt treten. Und das nicht etwa gegen Bezahlung wie früher beim Telefonieren, sondern kostenlos. Das ist doch toll!

Wobei die Schriftform für so manchen Zeitgenossen nicht unbedingt geeignet scheint. Was man da immer wieder zu lesen bekommt, drängt doch ganz erheblich den Verdacht auf, der- oder diejenige hätte in der Schule entweder nie Deutschunterricht gehabt oder diesen zumindest weitgehend verschlafen. Rechtschreibfehler schlimmster Sorte liest man da, völlige Nichtachtung der Groß- und Kleinschreiberegeln sowie – und das stört mich am meisten – Satzkonstruktionen, die diese Bezeichnung beim besten Willen nicht verdienen. Oft frage ich mich, ob den Text wohl ein Ausländer geschrieben hat, der noch nicht mal ein Jahr in Deutschland lebt. Aber wahrscheinlich bin ich als ehemaliger Deutschlehrer in dieser

Beziehung schlichtweg zu pingelig. Mehrfach haben mir meine Enkel, wenn ich sie auf peinliche Fehler hingewiesen habe, versichert, sie könnten das alles selbstverständlich auch fehlerlos tippen, aber darauf komme es doch gar nicht an. Hauptsache, der andere verstehe, was man sagen wolle.

Und da muss ich nun eine Lanze für meine Altersgenossen brechen. Wenn sie überhaupt WhatsApp verwenden oder Mails schreiben, was ja leider längst nicht alle tun, dann fast immer in einem Deutsch, an dem es so gut wie nichts zu mäkeln gibt. Niemals würden sie oder zumindest die meisten von ihnen sämtliche Wörter in Kleinschrift ohne Punkt und Komma – »ralf getroffen grüße fährt morgen urlaub« – aneinanderreihen, und wenn ihnen doch einmal der eine oder andere Fehler unterläuft, liegt es – das hat mir erst gestern wieder ein Bekannter achselzuckend gestanden – fast immer an der Unfähigkeit, falsch Getipptes nachträglich zu korrigieren.

Wenn ich selbst heute eine WhatsApp schreibe, ist nicht die Orthografie das Problem, sondern dass ich mich mit meiner Ein-Zeigefinger-Suchtechnik so oft vertippe. Obwohl ich mir jedes Mal größte Mühe gebe, die Tasten zu treffen, und entsprechend lang brauche. Aber Zeit habe ich ja. Wenn ich beim Schreiben bemerke, dass ich wieder mal – meine häufigsten Fehler – anstelle eines O ein I und statt eines V ein C getippt habe, geht es ja noch. Dann lösche ich halt ein paar Buchstaben und mache, nachdem ich das Malheur korrigiert habe, an der korrigierten Stelle weiter. Habe ich dagegen schon einen längeren Text verfasst, bevor mir das Missgeschick auffällt, schaffe ich es so wie die erwähnten Altersgenossen trotz größter Mühe oft nicht, den Fehler im Nachhinein auszubessern. Weil ich den verflixten Cursor einfach nicht an die richtige Stelle bekomme. Ich habe das mit Romy schon x-mal geübt und danach jedes Mal gedacht, jetzt hätte ich den Bogen raus, aber dann finde ich bei der nächsten WhatsApp, bevor ich sie abschicke, todsicher wieder einen Fehler, den ich nach vergeblichen Beseitigungsbemühungen am Schluss seufzend stehen lasse und damit in Kauf nehme, dass der Empfänger denkt, ich hätte mit korrekter Rechtschreibung nichts am Hut. Was mir natürlich ganz besonders peinlich ist. Kara hat mir neulich grinsend erzählt, dass sie, wenn sie mit mir »whatsappt«, zwischen ihren Nachrichten – sie sprach natürlich von »Messages« – und meinen Antworten problemlos einen kompletten »Chat« mit ihrer Freundin unterbringt, so lange dauere das bei mir. Und das, obwohl meine Erwiderung oft nur aus einem einzigen Satz besteht.

Worauf ich deshalb bislang auch immer verzichtet habe, sind die lustigen kleinen Bildchen, wie sie meine Enkelin sämtlichen Nachrichten beizufügen pflegt: Gesichter in allen Gemütslagen, Kussmünder, hochgereckte Daumen als Verstanden- und klatschende Hände als Zustimmungszeichen. Erstens weiß ich nicht genau, wie ich diese Emojis – so nennt man die Dinger – exakt an die Stelle bugsieren soll, wo ich sie haben will, und zweitens komme ich mir für derlei Kokolores, ehrlich gesagt, schon ein bisschen zu alt vor. Ich habe es noch nie gemocht, wenn Senioren krampfhaft Verhaltensweisen der Jugend nachahmen, weil sie offensichtlich glauben, damit jünger rüberzukommen.

Um das Problem mit dem zu langsamen und dazu noch fehlerhaften Tippen zumindest zum Teil in den Griff zu bekommen, hat Romy mir gezeigt, wie man für häufig gebrauchte Wörter und Wortgruppen Buchstabenkürzel anlegen kann, sodass man zum Beispiel für »Herzlichen Dank« nur noch »hd« tippen muss. Das finde ich sehr praktisch, und mittlerweile habe ich mir schon eine ansehnliche Sammlung solcher Kurzbezeichnungen zugelegt. Allerdings verwechsle ich die noch zu oft, tippe für »Besten Dank« »bd« ein und bin dann überrascht, dass da auf einmal »Baudezernat« steht – ein Wort, das ich bisweilen bei meinen Zeitungsartikeln benötige –, weil ich mal wieder nicht daran gedacht habe, dass »Besten Dank« die Eingabe von »bda« erfordert. Aber ich denke, auch da macht Übung den Meister.

Überaus praktisch finde ich mittlerweile hingegen die Möglichkeit, längere Botschaften in Form einer Sprachnachricht zu versenden. Dazu muss man nur – auch das habe ich von Romy – bei WhatsApp das Mikrofonsymbol rechts neben dem Texteingabefeld so lange gedrückt halten, bis man mit seiner Aufsprache fertig ist. Was allerdings nur dann einen Sinn ergibt, wenn man das, was man sagen will, halbwegs ohne »Äh« oder ständiges Räuspern und Stottern hinbekommt. Da bin ich natürlich im Vorteil, weil ich ja während meines Schuldienstes jede Menge Zeit und Gelegenheit hatte, mir eine flüssige Ausdrucksweise an- und die nervigen Ähs abzugewöhnen. Der Lehrer, der mir das während meiner Referendarzeit beibrachte, hat mir den einfachen Tipp gegeben, immer dann, wenn mir mal ein Wort nicht einfällt, schlicht und einfach still zu sein, das heißt, eine Sprechpause einzulegen. Das empfinden Zuhörer nämlich keineswegs als lästig, im Gegenteil, es gibt ihnen die Möglichkeit, kurz über das Gehörte nachzudenken, steigert also sogar Aufmerksamkeit und Verständnis. Voraussetzung ist allerdings, dass man die eigenen Ähs selbst wahrnimmt, was schon einer gewissen Übung bedarf.

Wenn ich heute im Fernsehen so manchen Politiker herumstammeln höre, frage ich mich jedenfalls, warum denen offensichtlich niemand den Tipp gegeben hat, sich mit ihrem rhetorischen Manko vielleicht einmal an einen professionellen Sprachtrainer zu wenden. Eine wichtige Rolle spielt dabei ganz sicher die immer weiter um sich greifende Manie, selbst unbedeutende Sachverhalte sprachlich aufzublähen. Viel reden und wenig sagen – darin sind nicht nur Politiker wahre Meister. Früher, ich meine während meiner Kindheit und Jugend, war das noch anders. Wenn ich heute Bundestagsreden von damals höre, bin ich regelmäßig begeistert. Kein langatmiges Drumherumgerede, keine nichtssagenden Worthülsen, keine verklausulierten, unverständlichen Äußerungen, stattdessen klare, manchmal sogar reichlich freche, aber stets unterhaltsame Äußerungen. Denken Sie nur an Persönlichkeiten wie Helmut Schmidt, Herta Däubler-Gmelin, Franz-Josef Strauß, Rita Süßmuth und – alle anderen überragend – Herbert Wehner. Und natürlich an die berühmten Worte des grünen Ex-Außenministers Joschka Fischer: »Mit Verlaub, Herr Präsident, Sie sind ein Arschloch.« Denen zuzuhören hat, auch wenn man durchaus nicht ihrer Meinung war, immer eine Menge Spaß gemacht.

Für mich als Jäger bietet WhatsApp darüber hinaus noch einen weiteren entscheidenden Vorteil: Ich kann mich mit Jagdkameraden auf anderen Hochsitzen des Reviers austauschen, kann mit ihnen, wenn es sich anbietet, gemeinsame Aktionen planen und sie gegebenenfalls um Unterstützung bitten, ohne dass das Wild davon irgendetwas mitbekommt. Grandios! Und zu wissen, dass ich bei einem Notfall, etwa, falls ich von einer defekten Hochsitzleiter stürzen sollte, jederzeit Hilfe herbeirufen kann, ist gerade für einen Mann meines Alters ungemein beruhigend. Und wenn es mir bei einem stundenlangen Nachtansitz auf Schwarzwild langweilig wird – was durchaus öfter vorkommt –, kann ich mittels drahtloser Ohrhörer jederzeit meine Lieblingsmusik genießen oder einem spannenden Hörbuch lauschen und bekomme, weil um mich herum totale Stille herrscht, trotzdem jedes Rascheln, Knacksen, Fiepen oder Grunzen mit, das auf anwechselndes Wild hindeuten könnte.

Einen entscheidenden Nachteil hat die Kommunikation mittels WhatsApp jedoch: Man muss sich stets, bevor man eine Nachricht abschickt, vergewissern, den richtigen Adressaten zu kontaktieren. Anderenfalls kann ein peinliches Missgeschick passieren, wie es mir tatsächlich schon einmal unterlaufen ist und von dem ich gehört habe, dass es gar nicht so selten vorkommt. Wie genau das abgelaufen ist, weiß ich nicht einmal mehr, Fakt ist, dass das für Kara bestimmte »Ich hab' dich lieb« bei meinem Jagdfreund Hubert ankam, mit dem ich vor meiner Enkelin gechattet – so heißt das heutzutage – hatte. Ich hätte das Malheur vielleicht gar nicht bemerkt, hätte Hubert nicht umgehend geantwortet »Hallo, Hermann, ich dich auch.«

Doch die Vorteile eines jederzeit greifbaren Handys übersteigen die Nachteile ganz erheblich. Allein schon die vielen, vielen Apps, die es dafür gibt. Millionen sind das inzwischen, für alle denkbaren Zwecke und Verwendungen. Ich habe zum Beispiel zwei Jagd-Apps installiert, die mir jederzeit erlauben, die momentanen und zu erwartenden Wetterverhältnisse in meinem Revier abzurufen, ein Verzeichnis sämtlicher Ansitzmöglichkeiten zu erstellen und zu bearbeiten, Wildbeobachtungen und -erlegungen festzuhalten und Gesellschaftsjagden zu organisieren. Eine Vogelstimmen-App hilft mir, Rufe und Gesänge der gefiederten Wald- und Feldbewohner zu lernen, eine Pflanzenerkennungs-App sagt mir, welches Kraut da gerade wächst, und diverse Nachrichten-Apps halten mich jederzeit über die Geschehnisse und Entwicklungen überall auf der Welt auf dem Laufenden. Auf Anraten von Sven habe ich mir zudem eine Fitness-App aufs Handy geladen, die mich jeden Tag freundlich zu gymnastischen Kraft- oder Ausdauer-Übungen auffordert und mich überschwänglich lobt, wenn ich den bescheidenen Anforderungen gerecht werde. Was ich jedoch – ich gebe es ehrlich zu – nur ausnahmsweise schaffe.

Meine neueste Errungenschaft ist Google Maps, ein Navigationsprogramm, das mir nicht nur im Auto den Weg weist, sondern auch, wenn ich zu Fuß unterwegs bin. Letzte Woche hat es mich – freilich erst, nachdem Romy die erforderlichen Einstellungen vorgenommen hatte – in München zuverlässig zu einem Jagdgeschäft geführt, das in einer Fachzeitschrift eine gebrauchte Repetierbüchse in einem Kaliber angeboten hatte, das ich mir schon seit Langem zulegen wollte.

Das waren nur einige wenige Beispiele, wie man sein Smartphone perfekt an die persönlichen Bedürfnisse anpassen kann, und ich könnte mir vielleicht sogar vorstellen, dass ich im Lauf der Zeit noch weitere Apps auf meinem Handy installieren werde. Obwohl ich, das gestehe ich ehrlich, auch wieder froh bin, wenn ich an allem, was mit Computer und Digitalem zu tun hat, möglichst wenig verändern muss. Zu groß ist meine Unsicherheit in derlei Dingen, und zu sehr fürchte ich mich davor, dass etwas, was bisher gut funktioniert hat, nach irgendwelchen Interventionen meinerseits nicht mehr klappt. Denn dann wäre ich vollkommen hilflos. So gerne ich mittlerweile meinen Computer und vor allem mein Handy nutze, so sehr ist mir doch bewusst, dass ich im Grunde von der ganzen Sache nur eine rudimentäre Ahnung habe. Sicher, Sven oder

Romy könnten mir im Notfall wohl helfen, aber erstens sind die auch nicht immer sofort zur Stelle, und zweitens möchte ich sie mit meinem Kram möglichst wenig belästigen. Wie ich es auch drehe und wende, es führt einfach kein Weg an der Erkenntnis vorbei: Obwohl ich in puncto Computer und Smartphone schon eine Menge gelernt habe, worauf ich auch durchaus stolz bin, fühle ich mich für kompliziertere Anwendungen, vor allem, wenn sie Spezialwissen erfordern, schlicht zu alt.

Wo wir gerade von Romy sprechen: Als wir uns zu unserer nächsten wechselseitigen Unterrichtsstunde treffen, führt sie mir ganz stolz ihre neueste Errungenschaft vor: eine »Smartwatch«, die ihr die Eltern zum Geburtstag geschenkt haben. Das Teil ist ziemlich groß, und auf dem Display – Zifferblatt kann man das wirklich nicht nennen – sind von oben nach unten Datum und Uhrzeit, ihre aktuelle Herzfrequenz sowie die Anzahl der heute zurückgelegten Schritte mit Angabe der dabei verbrauchten Kalorien zu sehen. Das sei nur eine kleine Auswahl, erläutert Romy mit glänzenden Augen, man könne mit einem solchen Gerät Tausende Sachen anstellen.

»Sicher eine tolle Sache«, sage ich, bin mir aber zugleich bewusst, dass solch eine Uhr, so großartig sie auch sein mag, mich mit Sicherheit überfordern würde. Da sind meine Enkel von ganz anderem Kaliber. Die scheinen sich die Möglichkeiten, die ein Smartphone oder eine solche Wunderuhr bieten, sowie die dazu erforderlichen Manipulationen im Traum anzueignen. Jedenfalls gehen sie mit all diesen Errungenschaften derart selbstverständlich um, dass ich nur staunend den Kopf schütteln kann. Wenn sie nur in Mathe, Englisch und Biologie auch so schnell von Begriff wären!

Zum Beispiel letztes Jahr, als ich mit den Söhnen meiner Tochter, also drei meiner Enkel, seinerzeit 22, 20 und 18 Jahre alt, eine Woche lang mit einem gemieteten Hausboot auf den Seen und Kanälen in Brandenburg und Mecklenburg-Vorpommern unterwegs war. Als ich nach dem Anlegen in einem Hafen sagte, ich wüsste gerne, wo in der Nähe ein Geldautomat sei, zückte Niklas, der Jüngste der drei, kurzerhand sein Smartphone, tippte ein paar Sekunden darauf herum und erklärte mir dann, der nächste befände sich exakt 254 Meter entfernt in der dritten Seitenstraße rechts. Und als wir nach Ablauf der Woche und nachdem wir unser Boot schweren Herzens wieder abgegeben hatten, auf der Heimfahrt Hunger verspürten, meinte sein Bruder Noah nach kurzer Handy-Konsultation, von der nächsten Autobahnausfahrt sei es nur ein knapper halber Kilometer bis zu einem McDonald's, er würde mich hinführen.

Auch wenn ich mit meinem Handy nach wie vor meine Probleme habe und es immer wieder vorkommt, dass das Gerät etwas tut, von dem ich keine Ahnung habe, warum, möchte ich es doch nicht mehr missen. Dazu bietet es, selbst wenn man die Möglichkeiten nicht einmal ansatzweise ausnutzt, einfach zu viele Vorteile. Deshalb wundert es mich, dass einer aktuellen Umfrage zufolge nur 73 Prozent, also nicht einmal drei Viertel, aller Senioren über 65 ein solches Gerät verwenden. Was machen denn dann die anderen? Wie kommen die in der heutigen Zeit zurecht? Man kann natürlich einwenden, früher hätte es die Dinger ja auch nicht gegeben und man wäre trotzdem klargekommen. Aber früher musste man auch wegen jeder Rechnungsüberweisung zur Bank gehen, sich in Läden notgedrungen mit dem gerade vorhandenen, oft eher dürftigen Angebot zufriedengeben und, wenn man sich irgendwo nicht auskannte, fremde Menschen nach dem Weg fragen und dabei hoffen, dass die einen nicht in die Irre schickten. Wollte man irgendwo Bescheid geben, dass man später käme, galt es, mühsam eine Telefonzelle zu suchen, die dann so gut wie immer besetzt war, und darin vielleicht auch noch in einem dicken, abgegriffenen Telefonbuch nach der benötigten Nummer zu forschen. Und für eine Eisenbahn-Fahrkarte musste man sich eigens zum Bahnhof bemühen, um dort in einer langen Schlange zu warten, bis man endlich an der Reihe war, anstatt das bequem von zu Hause aus zu erledigen. Die Erfahrung habe ich ja zur Genüge gemacht.

Und während ich wieder einmal bewundernd beobachte, wie die Daumen meiner Enkelin Kara blind über die Tasten flitzen, denke ich darüber nach, wie sich die Welt in den letzten 20 Jahren doch verändert hat. Egal, wo man sich aufhält und wohin man schaut, ein, zwei Handys hat man so gut wie immer im Blickfeld. Bei Wartenden an Haltestellen ebenso wie in Läden und Restaurants, in sämtlichen Verkehrsmitteln, in Schwimmbädern und anderen Freizeiteinrichtungen, in allen möglichen Sportstadien und sogar auf Skipisten. Ein mir gut bekannter Busfahrer hat mir neulich gestanden, wie sehr er früher die Fahrten gehasst hätte, bei denen er Kinder und Jugendliche zur Schule transportieren oder von dort wieder heimbringen musste. »Das war jedes Mal ein Geschrei, dass man sein eigenes Wort nicht mehr verstand. Ständig rauften Jungs miteinander, und Mädchen ließen in voller Lautstärke irgendeine schauderhafte Musik, wenn man das überhaupt so nennen kann, brüllen. Heute dagegen herrscht Grabesstille. Jeder starrt auf sein Handy oder tippt darauf herum. Man könnte eine Büroklammer fallen hören. Manchmal ist mir das fast unheimlich.«

Gerade weil sich Smartphones so geräuschlos bedienen und WhatsApps total diskret verschicken lassen, machen mich Handybenutzer geradezu wütend, die offensichtlich glauben, man müsse in die Dinger beim Telefonieren hineinbrüllen, um vom Gesprächspartner verstanden zu werden. Solche nervigen Typen findet man bevorzugt in Zügen, wo sie wohl die unvermeidlichen Hintergrundgeräusche übertönen wollen. Mit dem Ergebnis, dass im gesamten Waggon jeder, aber auch wirklich jeder Wort für Wort mitbekommt, was der Telefonierer zu verkünden hat. Der sich natürlich zu allem Übel nicht die Spur bemüht, sich knapp auszudrücken, sondern alle in der näheren und weiteren Umgebung gnadenlos an seinem Anliegen teilhaben lässt. Bei derartigen Gelegenheiten balle ich nicht nur jedes Mal die Fäuste in den Hosentaschen, sondern erinnere mich unwillkürlich an die gelben Telefonzellen meiner Jugend, auf denen allseits nicht zu übersehende »Fasse dich kurz!«-Schilder prangten. Wobei sich an diese Aufforderung zu halten nicht nur anderen Sprechwilligen gegenüber höflich war, sondern auch den Geldbeutel schonte, musste man seinerzeit doch bei längeren Gesprächen ständig Münzen nachwerfen. Manchmal wünsche ich mir, das wäre bei den heutigen Handys noch genauso.

Fest steht jedenfalls, dass vor allem viele junge Leute nach ihrem Smartphone geradezu süchtig sind. Auf Essen und Trinken können sie problemlos verzichten, und Lesestoff in gedruckter Form, egal welcher Art, vermissen sie im Gegensatz zu uns früher überhaupt nicht. Aber wenn sie auch nur wenige Minuten ohne ihr Handy sein müssen, bekommen sie regelrechte Entzugserscheinungen. Wobei man natürlich auch auf dem Handy jede Menge Texte findet, die zu lesen sich durchaus lohnt.

Kara hat schon mal ihren Hausschlüssel in der Wohnung vergessen, sie hat beim Schulschwimmen ihren Badeanzug liegen lassen, und wie oft sie ihre Hausaufgaben nicht gemacht hat, will ich gar nicht wissen. Was ich aber ganz sicher weiß, ist, dass sie niemals, unter keinen Umständen und egal zu welcher Tages- und Nachtzeit ihr Smartphone vergessen würde. Das nimmt sie wahrscheinlich, so wie früher ihre Puppe Susi, sogar mit ins Bett.

Egal, wo man sich gerade befindet, man braucht sich nur umzusehen, um mit großer Wahrscheinlichkeit Halbwüchsige zu entdecken, die derart intensiv auf ihr Smartphone-Display glotzen, dass sie die Welt um sich herum total vergessen. Wenn sie dabei gegen eine Hauswand laufen oder in ein Wasserloch stolpern, ist das ja ihre Sache. Viel schlimmer und für uns Alte nerviger ist dagegen, wenn sie, den Blick unverwandt auf ihr Display gerichtet, frontal auf uns zugeschlappt kommen, ohne auch nur ein einziges Mal aufzusehen. Bei solchen Gelegenheiten ist es mir schon zweimal passiert, dass eine Handystarrerin frontal in mich hineingelaufen wäre, hätte ich sie nicht mit einem lauten »Vorsicht!« in die Realität zurückgeholt. Wobei der Warnruf wirklich laut sein musste, da sie beim Gehen nicht nur nach unten gestarrt, sondern dabei auch noch mit einer ominösen anderen Person gesprochen hat. Das sah auf den ersten Blick aus, als führe sie Selbstgespräche, doch ein im Ohr steckender Stöpsel verriet mir, dass da gerade tatsächlich ein Dialog im Gange war. Früher warnte einen in derlei Fällen wenigstens noch ein Kabel, das das Handy mit dem Gehörorgan verband, vor der drohenden Kollisionsgefahr, aber das ist längst aus der Mode, heute funktioniert die Verbindung drahtlos.

Eine derartige Versunkenheit in ein technisches Gerät habe ich – wenn auch bei Weitem nicht so ausgeprägt – früher nur ein einziges Mal erlebt. Das war in den 1980er-Jahren, als alle Welt und vor allem die Jungen von früh bis spät wie wild am sogenannten Zauberwürfel drehten. Der bestand aus vielen kleinen Unterwürfeln, die man so verstellen musste, dass sie alle dieselbe Farbe zeigten. Ich bin sicher, Sie erinnern sich.

Das ständige Handystarren hat natürlich zur Folge, dass den jungen Leuten heute die Zeit für anderes fehlt – ganz besonders fürs Bücherlesen. Wenn ich an meine Enkel denke, habe ich das Gefühl, dass heute kaum noch ein Kind oder Jugendlicher Bücher liest – Ausnahmen bestätigen die Regel. Und dann wundern sich Schüler und Eltern über mäßige Deutschnoten. Obwohl sie doch eigentlich wissen sollten, dass Lesen maßgeblich dazu beiträgt, den Wortschatz zu erweitern und den Schreibstil zu verbessern. Wenn ich denke, wie viele Bücher – ganz besonders die von Karl May, aber auch eine Menge anderer Detektiv- und Abenteuergeschichten – ich als Kind geradezu verschlungen habe! Wo sieht man denn heute noch einen Jungen oder ein Mädchen in ein Buch vertieft sitzen? Wenn die überhaupt etwas lesen, dann so gut wie ausschließlich das, was auf ihrem Handydisplay steht. Und wenn sie einen Hausaufsatz schreiben sollen, überlassen sie das mittlerweile weitgehend oder sogar vollständig der künstlichen Intelligenz, in erster Linie ChatGPT, auf das ich noch zu sprechen kommen werde. Insofern ist es mit den Handys wie mit so vielem im Leben: Alles hat seine Vor- und Nachteile.

Richtig gefährlich werden die Dinger jedoch erst, wenn Autofahrer oder -fahrerinnen meinen, unterwegs nicht darauf verzichten zu können. Erst neulich fuhr vor mir – ja, ich sitze noch immer gerne selbst am Steuer – eine junge Frau in einer Weise, dass man hätte denken können, sie absolviere gerade ihre erste Fahrstunde. Immer wieder berührten die

Reifen ihres Autos abwechselnd den Mittelstreifen oder die rechte Fahrbahnbegrenzung, an Ampeln startete sie grundsätzlich erst, wenn jemand hupte, und zweimal blinkte sie, ohne anschließend abzubiegen. Ich bin fest überzeugt, dass die bei Unfallmeldungen in den letzten Jahren so oft zu hörende oder zu lesende Anmerkung »Aus bislang ungeklärter Ursache geriet das Fahrzeug auf die Gegenfahrbahn« so gut wie immer mit der vermaledeiten Handynutzung während der Fahrt zu tun hat.

Und noch etwas anderes stört mich an Smartphones, so widersinnig das klingen mag. Etwas, das doch eigentlich ein Segen sein sollte: Man hat – sofern Empfang gewährleistet ist – das gesamte Wissen der Welt ständig abrufbar bei sich. Das hört sich zwar zunächst großartig an, hat aber keinesfalls nur positive Auswirkungen. Was ich meine, zeigt eine kurze Begebenheit: Bei einer der seltenen Gelegenheiten, bei der im Rahmen einer Familienfeier nicht alle Anwesenden auf ihre Handys starrten, drehte sich das Gespräch irgendwann um die Rolle der Preußen in der deutschen Geschichte. Dabei konnte ich es mir nicht verkneifen, Enkel Elias zu fragen, welcher preußische König den ehrenvollen Beinamen »der Große« getragen habe. Und was antwortete mir der Knabe? »Wozu muss ich das wissen?«

»Ich finde, das gehört zur Allgemeinbildung«, antwortete ich, worauf er mit den Schultern zuckte und meinte, wenn das wirklich irgendwann mal für ihn wichtig würde, was er sich allerdings beim besten Willen nicht vorstellen könne, bräuchte er ja bloß kurz zu googeln, und schon hätte er die Antwort.

Googeln – mit dem skurrilen Begriff, der übrigens erst 2004 in den Duden aufgenommen wurde, hatten wir es ja schon mehrfach zu tun – ist ein Wort, das heute wirklich jeder, vom Kind bis zum Greis, auf Anhieb versteht. Im Prinzip bedeutet es, dass es keinesfalls erforderlich ist, von irgendetwas eine Ahnung zu haben, da man ja alles, egal, was es auch sei, in Nullkommanichts in Erfahrung bringen kann. Ob das wirklich ein Segen ist, scheint mir doch mehr als zweifelhaft, bedeutet es doch im Endeffekt, dass klassische Bildung, jahrhundertelang leuchtendes Ziel lebenslangen Lernens, nicht mehr zählt. Und – das finde ich persönlich besonders bedauerlich – dass Kinder mit ihren Fragen nicht mehr wie in meiner Kindheit und Jugend zu ihren Eltern kommen. Ich jedenfalls habe speziell meinen Vater wegen seines umfangreichen Wissens auf allen möglichen Gebieten immer sehr bewundert und den Gedankenaustausch mit ihm, bei dem wir manchmal durchaus unterschiedlicher Meinung waren, regelrecht genossen. Wenn er einmal etwas nicht wusste, was er jedes Mal ehrlich zugab, konnte es nicht besonders wichtig sein. Davon war ich fest überzeugt.

Natürlich kann man sich zu Recht fragen, warum wir früher in der Schule Schillers *Bürgschaft* auswendig lernen oder uns einprägen mussten, wer in der Schlacht bei Salamis wann gegen wen gekämpft hat. Aber ich glaube, dass die immer wieder zu hörende Klage von Hochschullehrern, die heutigen Studienanfänger hätten erheblich mehr Bildungs- und Wissensdefizite als unsereins früher, maßgeblich mit der ständigen Verfügbarkeit von Handywissen zu tun hat.

Denn die Möglichkeit, sich jederzeit – heutzutage oft kryptisch »7/24« abgekürzt – mühelos über alles Denkbare zu informieren, bringt meines Erachtens durchaus auch Probleme mit sich. Darüber habe ich erst vorgestern mit Enkel Noah diskutiert. Er studiert Medizin und hat vom Vortrag eines Professors erzählt, in dem es um das »profunde Halbwissen«

vieler Patienten und das dadurch beeinträchtigte Vertrauen ihrem Arzt gegenüber ging. Demnach informieren sich viele Kranke über ihr Leiden erst mal im Internet, bevor sie einen Mediziner zurate ziehen. Das wäre ja grundsätzlich auch gar nicht verkehrt und würde dem Arzt viele mühsame Erklärungen ersparen, wäre das, was die Patienten nach ihrem digitalen »Studium« zu wissen glauben, nicht vielfach sehr oberflächlich, wenn nicht gar falsch und bisweilen sogar gefährlich. Denn schnell gerät man als medizinischer Laie bei der Beurteilung vermeintlicher Symptome auf die falsche Spur, liest dann über angeblich nützliche Behandlungsmaßnahmen, die vielleicht bei einer anderen Krankheit angebracht, beim vorliegenden Leiden dagegen kontraindiziert sind. Dann muss der Arzt den Patienten erst mühsam davon überzeugen, dass das, was er zu wissen glaubt, im vorliegenden Fall nicht zutrifft. Und oft glaubt ihm dann der Patient, der ja von seinem Wissen fest überzeugt ist, nur sehr bedingt.

»Als du noch jung warst, Opa«, erklärt Noah, »hatten es die Ärzte in dieser Hinsicht leichter. Die Patienten vertrauten ihnen und den eingeleiteten Behandlungsschritten voll und ganz. Und ein solches Vertrauensverhältnis trägt bekanntermaßen entscheidend zur Genesung bei.«

Ein bisschen fühlte ich mich bei Noahs Vortrag ertappt. Denn als ich vor einigen Wochen plötzlich einen heftigen Juckreiz an meinen auffällig roten Armen und im Nacken spürte, war ich, nachdem ich mich ausführlich auf speziellen Internetseiten informiert hatte, auf die Diagnose »Papulogranulomatöses Erysipeloid« gekommen und hatte mir in der Apotheke eine Salbe gekauft, die angeblich Linderung verschaffen sollte. Erst als das nicht half, ging ich zum Arzt, der nach diversen Tests erklärte, es handele sich um eine leichte

Allergie. Ob ich etwas Ungewöhnliches gegessen hätte? Das hatte ich in der Tat, denn seit einiger Zeit hatte ich meine Vorliebe für Pistazien als Knabberbeilage zum abendlichen Fernsehen entdeckt. Als ich den ärztlichen Rat befolgte und fortan schweren Herzens auf die grünen Nüsschen verzichtete, wurde es mit meinen Armen rasch besser. Ich musste mich nicht mehr kratzen, und die dadurch entstandenen oberflächlichen Wunden heilten rasch ab. So viel zum Thema Selbstdiagnose per Internet.

Aber zweifellos haben Handys weitaus mehr Vor- als Nachteile. Einer, der einem nicht sofort einfällt, wenn von Smartphones die Rede ist, aber durchaus bedeutsam ist: Die Dinger erleichtern ganz erheblich die Kindererziehung. Denn wenn mein Bruder oder ich früher über die Stränge schlugen, mussten wir damit rechnen, von unserem Vater übers Knie gelegt zu werden und den Rohrstock zu spüren zu bekommen. Später wurde die Prügelstrafe – die gab es zu meiner Zeit auch noch in der Schule – dann von Taschengeldkürzung sowie Stuben- oder Hausarrest abgelöst. Erfahrungsgemäß alles Erziehungsmaßnahmen mit überschaubarer Wirkung. Heutzutage steht den Eltern dagegen eine wesentlich effektivere Strafe zur Verfügung: der Handyentzug. Für mehrere Tage oder bei ganz üblen Vergehen sogar für eine ganze Woche auf ihr Smartphone verzichten zu müssen ist so etwa das Schlimmste, was sich Jungen und Mädchen heute vorstellen können. Allein die Drohung – das habe ich mehrfach miterlebt – macht aus dem wildesten Rangen binnen Sekunden ein folgsames Kind, an dessen Benehmen und Hilfsbereitschaft es nichts auszusetzen gibt. Ich bin sogar überzeugt, dass die heutigen Übeltäter sich lieber den Hintern versohlen ließen, als nur eine Stunde auf ihr geliebtes Handy verzichten zu müssen.

Was ich, wie gesagt, mittlerweile durchaus verstehen kann. Wenn ich nur daran denke, wie viele Stunden die jungen Leute mithilfe ihrer Handys in den sozialen Netzwerken verbringen! Inzwischen kann ja sogar ich als erst frisch Digital-Bekehrter kaum noch auf mein iPhone verzichten. Erst letzte Woche habe ich mit Ella eine längere Wanderung in eine etwa 15 Kilometer entfernte Nachbarstadt unternommen. Da hat uns mein iPhone sehr gute Dienste geleistet, als es darum ging, schon von unterwegs herauszufinden, wann der nächste Zug vom dortigen Bahnhof abfuhr, der uns wieder nach Hause brächte. Als wir erkannten, dass das erst in etwa eineinhalb Stunden der Fall sein würde, reduzierten wir unser Marschtempo sofort und legten eine längere Pause ein. Wozu zum Bahnhof hetzen, um dort bloß dumm herumzustehen?

Apropos Wanderung: Auch da sind wir Älteren offenbar längst nicht mehr up to date, um erneut einen dieser neumodischen Anglizismen zu benutzen. Das wurde mir erst letzten Monat wieder schmerzlich bewusst, als ich mit Sven und Julia, also Sohn und Schwiegertochter, im Allgäu unterwegs war. Die Strecke war mit gerade mal 12 Kilometern – ein Tribut an mein Alter – wirklich nicht lang, früher habe ich auf Wochentouren regelmäßig über 30 Kilometer täglich geschafft. Doch das änderte nichts daran, dass wir auf einmal nicht mehr wussten, wie es weiterging. Wir hatten uns schlicht verlaufen. Was tut ein Mann meines Alters in einem solchen Fall? Na klar, das, was schon Generationen von Wanderern vor ihm getan haben: Er zieht eine Karte hervor, sucht darin anhand auffälliger Landmarken nach dem momentanen Standort, überprüft mithilfe des Sonnenstandes die Himmelsrichtungen und legt sich dann auf eine Fortsetzung des Weges fest, die mit möglichst großer Wahrscheinlichkeit dem Ziel entgegenführt.

Genau so wollte ich es auch bei unserer Allgäu-Wanderung machen. Doch zum Karte-Herauskramen kam ich gar nicht, weil Sven bereits sein Handy in der Hand hielt, kurz darauf herumtippte und dann kategorisch feststellte: »Laut Google Maps geht's hier weiter.« Dabei deutete er rechts voraus und machte sich wieder auf den Weg, Julia und mich im Schlepptau. Und was soll ich sagen? Eine halbe Stunde später kamen wir an einen Autowanderparkplatz mit einer großen, detaillierten Landkarte, die uns nach kurzem orientierendem Betrachten sagte, dass wir exakt richtig waren.

Von Google Maps und davon, wie toll ich das finde, war ja schon die Rede. Egal, ob man mit dem Auto, dem Fahrrad oder zu Fuß unterwegs ist, die App leitet einen absolut zuverlässig ans Ziel. So etwas hätte meinem Vater das Leben extrem erleichtert. Er war Handelsvertreter und als solcher mit seinem Auto von Montag bis Freitag überall in Süddeutschland unterwegs, um seine Kunden zu besuchen, etliche davon zum ersten Mal. Von denen waren ihm im Allgemeinen nur Adresse und Telefonnummer bekannt, was bedeutete, dass er sie – in größeren Städten alles andere als einfach – erst einmal suchen musste. So zog er also seinen zerfledderten Autoatlas und innerstädtisch Stadtpläne zurate, von denen er eine ganze Menge besaß.

Heute bräuchte er Straße und Hausnummer nur in sein Navi oder eben in Google Maps einzutippen und hätte damit einen zuverlässigen Wegweiser an der Hand, der ihn nicht nur sicher ans Ziel führen, sondern ihn unterwegs auch jederzeit über die voraussichtliche Restdauer der Fahrt sowie die noch zurückzulegenden Kilometer informieren würde. Aber da er derlei Hilfsmittel natürlich noch nicht kannte, vermisste er sie auch nicht. Dafür war er im Kartenlesen ein wahrer Meister, der sich selbst in größeren Städten erstaunlich schnell zurechtfand. Wenn er sich eine Weile schweigend in einen Straßenplan vertieft hatte, war die Strecke zum Ziel in seinem Kopf gespeichert und er konnte sie oft ohne einen weiteren Blick in die Karte abfahren. Diese Fähigkeit hat er auch meinem Bruder und mir zu vermitteln versucht. Und zwar, wie ich unbescheidenerweise konstatieren kann, durchaus mit Erfolg. Bis heute habe ich keine Mühe, mich selbst in völlig unbekanntem Terrain mithilfe einer guten Karte zurechtzufinden. Was aber ja dank Handy – fast möchte ich sagen: leider – gar nicht mehr nötig ist.

Wenn ich da an die heutigen Jugendlichen denke! Bei Klassenwanderungen habe ich mir während meiner Lehrerzeit immer wieder einmal den Spaß gemacht, ohne Vorwarnung unvermittelt irgendwo anzuhalten, eine Gelände- und Wegekarte hervorzuziehen und meine Schüler aufzufordern, mir darauf unseren momentanen Standpunkt zu zeigen. Obwohl ich ganz bewusst Stellen ausgewählt hatte, wo markante Geländepunkte wie Wälder, Felder, Flüsse, Seen oder Straßen deutlich zu erkennen waren, sodass die Positionsbestimmung wahrlich kein Hexenwerk war, schaffte es kaum jemand, Landschafts- und Kartenbild in Übereinstimmung zu bringen und die Aufgabe in zumutbarer Zeit korrekt zu lösen. Na ja, jeder Fortschritt hat eben seinen Preis.

Um auf mein iPhone zurückzukommen: Was mich daran wirklich nervt, sind die vielen Töne bei allen möglichen Aktionen. Die kann man, wie mir Romy vorgeführt hat, zwar selbst festlegen und sogar komplett abstellen. Aber das möchte ich auch wieder nicht. So muss ich mich wohl damit abfinden, dass ich immer wieder zusammenzucke, wenn aus meiner Jackentasche, der Sofaecke oder von der Ablage neben dem Waschbecken plötzlich lautes Hupen, Trillern, Klingeln, Tröten oder irgendwelche ominösen Melodien erklingen. Und jedes Mal weiß ich schon wieder nicht, was das jetzt bedeutet, starre bei einem eingehenden Telefonat auf das WhatsApp-Symbol, frage mich bei einer ankommenden E-Mail, woran mich das Handy jetzt wieder erinnern soll, oder brauche eine ganze Weile, bis mir einfällt, dass ich den Wecker gestellt habe, um eine bestimmte Fernsehsendung nicht zu verpassen. Und wenn ich die lästige Geräuschquelle endlich identifiziert habe und vielleicht sogar weiß, was sie mir sagen will, dauert es jedes Mal eine halbe Ewigkeit, bis ich es endlich schaffe, sie zum Verstummen zu bringen.

Besonders peinlich war das kürzlich im Bus, der mich zum Bahnhof bringen sollte. Als ich mit meinen Gedanken gerade weit weg war, ertönte ganz plötzlich die Melodie zu Schillers Ode »An die Freude« aus Beethovens *Neunter Sinfonie*: »Freude, schöner Götterfunken, Tochter aus Elysium …« Die Blicke sämtlicher Mitfahrenden wandten sich mir zu, und ich hätte zwar mühelos mitsingen können, hatte aber absolut keine Ahnung, wie ich die lästige Musik wieder abstellen konnte. Zumal ich mein Handy dazu aus meiner Jackentasche hätte ziehen müssen, was die Lautstärke noch verstärkt hätte. Sämtliche Umstehenden und -sitzenden starrten mich mit großen Augen an, manche konnten sich ein schadenfrohes Grinsen nicht verkneifen, doch niemand machte auch nur Anstalten, mich aus meiner misslichen Lage zu befreien. Und um mich verwirrt umblickend so zu tun, als wäre ich gar nicht die Quelle der Musik, war es zu spät. Gott sei Dank erbarmte sich das Teil irgendwann und verstummte. Was mich im Moment zwar sehr erleichterte, die Frage aber keineswegs beantwortete, was der Beethoven'sche Gassenhauer mir hatte sagen wollen.

Zum Glück hat Romy mir dann in unserer nächsten Unterrichtsstunde auf meine Bitte hin gezeigt, wie man den einzelnen Signalen Melodien zuordnen kann, die man intuitiv mit den jeweiligen Funktionen verbindet. So meldet sich mein Handy seitdem beim Anruf meiner lieben Ehefrau mit der Klangfolge »Für Elise« – »Für Ella« hat ja bislang leider noch niemand komponiert –, und mein bester Jagdfreund wird mir durch »Der Jäger aus Kurpfalz« avisiert. Das häusliche Telefon tütet »Kein Schwein ruft mich an«, und die Ankunft einer E-Mail veranlasst mein iPhone, »Horch, was kommt von draußen rein« zu dudeln.

Und dann gibt es noch ein weiteres Ärgernis, das ich in meiner computerlosen Vergangenheit nicht hatte: ominöse E-Mails, die mich ein ums andere Mal in Bedrängnis bringen. Wenn mir etwa die – vermeintliche – PayPal-Betreibergesellschaft oder meine – ebenfalls vermeintliche – Bank mitteilt, jemand hätte sich an meinem Konto zu schaffen gemacht oder gar schon Geld abgehoben und es sei daher dringend erforderlich, Maßnahmen zur Schadensbegrenzung zu ergreifen. Wobei diese Maßnahmen stets darin bestehen, ein farbig unterlegtes Feld anzuklicken. Zum Glück hat mir meine junge Lehrerin schon in der ersten Stunde, in der wir uns mit dem Thema E-Mails beschäftigt haben, eingeschärft, ach was, eingehämmert, niemals, wirklich niemals auf eine solche Forderung einzugehen und derlei »Messages« – man nennt sie »Phishing« – unbedingt zu löschen. Und zwar auf der Stelle. Grundsätzlich dürfe ich nur auf Nachrichten reagieren, deren Absender ich hundert-, ja tausendprozentig kenne. Und Behörden ebenso wie Banken würden Bitten an ihre Kunden niemals per Mail verschicken. Eine einwandfreie Nachricht versehentlich zu löschen sei viel, viel weniger schlimm, als eine falsche zu öffnen und dann vielleicht auch noch einen tückischen Link anzuklicken.

Daran habe ich mich bis heute strikt gehalten und gedenke auch nicht, das in Zukunft anders zu handhaben. Was mir, ehrlich gesagt, schon deshalb nicht besonders schwerfällt, weil ein Großteil der Warnungen und Aufforderungen in einem Deutsch verfasst ist, das mir die Haare zu Berge stehen lässt. Erst gestern habe ich eine Mail erhalten, die so anfing: »Liebe(r) Kunde(in), ihre Sicherheit bei den Konto wird von uns sehr gesorgt. Darum müssen Sie Zugangsdaten revidieren, das niemand falsch sie benutzen kann.« Ist es wirklich möglich, dass ein Deutscher auf so einen hanebüchenen Mist hereinfällt? Bei mir hat die Mail jedenfalls einen derart heftigen Heiterkeitsausbruch ausgelöst, dass Ella sich besorgt erkundigt hat, ob mir etwas fehlt. Kurz habe ich erwogen, mit »Herzliches Dank vor die Aufpassung« zu antworten, doch dann hat die Vorsicht gesiegt, und ich habe die Mail auf der Stelle gelöscht.

Aber einmal bin ich – das muss ich zu meiner Schande gestehen – doch auf eine betrügerische Mail hereingefallen, wobei ich zu meiner Entschuldigung anführen muss, dass dabei extremes Pech im Spiel war. Denn ein paar Tage vor dem ärgerlichen Vorfall hatte ich mir – was ich bis dahin noch nie getan hatte und mit Sicherheit auch nie wieder tun werde – ein Buch direkt bei einem französischen Verlag bestellt, weil es anderweitig nicht zu beschaffen war. Als ich dann eine Mail erhielt, derzufolge für mich ein Paket beim Zoll läge, für das ich eine Gebühr von 13 Euro 30 bezahlen solle, sonst könne es nicht zugestellt werden, dachte ich gar nicht daran, die Nachricht könnte von Betrügern stammen. Ganz ohne Argwohn tippte ich meine Kreditkartennummer ein und war dann total erstaunt, als mir meine Bank – die Angestellte erkannte ich zum Glück an der Stimme – zwei Tage später telefonisch mitteilte, auf meinem Kartenkonto gebe es mehrere ominöse Lastschriften, ob diese von mir autorisiert worden seien? Um es kurz zu machen: Wegen der aufmerksamen Mitarbeiterin, die umgehend meine Kreditkarte sperren ließ und mir riet, sofort bei der Polizei Anzeige zu erstatten, bekam ich mein Geld – ungefähr 290 Euro – etwa zwei Wochen später von der Versicherung der Kartengesellschaft zurück. Gerade noch mal Glück gehabt.

Doch trotz dieser fatalen Mail, die mich per Smartphone erreichte und auf die ich auch auf diesem Weg reagierte, möchte ich auf keinen Fall mehr auf mein Handy verzichten. Zumal es ja noch eine Menge Anwendungsmöglichkeiten gibt, die ich noch nicht einmal ansatzweise ausprobiert habe. Etwa, mit dem Ding selbst sprachlich zu kommunizieren, wie es Romy immer wieder mit Begeisterung tut. Siri, wie sie wohl ihr iPhone liebevoll nennt, ruft auf Kommando ihre Freundinnen an, verschickt Nachrichten, erinnert sie an alles Mögliche, stellt ihr den Wecker und versorgt sie mit sämtlichen aktuell erwünschten Informationen sowie Musik aus dem Internet. Ich bin jedes Mal total baff und würde das auch gerne können, aber Romy meint, ich solle damit noch warten. Was mir, ehrlich gesagt, auch wieder entgegenkommt, weil ich mir in höchstem Grade albern vorkäme, wenn ich im Beisein anderer Menschen mit meinem Smartphone spräche. Klar, bei jungen Leuten sehe und höre ich das immer wieder, aber das bedeutet doch nicht, dass ich ihnen alles nachmachen muss. Außerdem würde ich vermutlich ständig falsche Kommandos geben oder schlecht formulierte Fragen stellen. Nein, da ist mir das umständliche Tippen, auch wenn das bei mir in Zeitlupe geht, doch nach wie vor viel lieber.

Auch in meinem Auto ist es – das hat mir ein Werkstattmitarbeiter anlässlich der letzten Inspektion erklärt – theoretisch möglich, eine telefonische Verbindung über mein iPhone herzustellen, indem ich links unterhalb des Lenkrads eine Taste drücke und auf die nachfolgende Computerstimmenfrage »Womit kann ich Ihnen helfen?« den gewünschten Gesprächspartner nenne und dazu noch angebe, ob ich ihn über Festnetz- oder Mobiltelefon sprechen möchte. Aber ich kann mich an diese Art zu telefonieren einfach nicht gewöhnen und werde das, wie ich mich kenne, wohl auch nie beherrschen. Ein einziges Mal habe ich es in einem überraschenden Anfall von Kühnheit versucht und auf obige Frage mit »Ich möchte mit Harald Vöckler sprechen, und zwar über sein Handy« geantwortet. Darauf habe ich die – durchaus freundlich formulierte – Antwort bekommen: »Ich bedaure, aber ich kann Sie leider nicht verstehen. Bitte nennen Sie Ihr Anliegen erneut.« Das habe ich dann wohlweislich unterlassen und die Nummer in meinem iPhone-Telefonverzeichnis angeklickt. Ich weiß, das sollte man während der Fahrt nicht tun, und normalerweise halte ich mich auch eisern daran, aber ich fuhr ganz langsam, und um mich herum war weit und breit kein anderes Fahrzeug zu sehen, da habe ich es riskiert. Ella darf ich das natürlich nicht erzählen.

Auch mit dem Handy im Supermarkt zu bezahlen oder damit von weiß Gott wo alle möglichen Haushaltsgeräte, die Raumbeleuchtung und dazu noch die Rollläden fernzusteuern – man nennt das, soviel ich weiß, »Smart-Home-Technologie« –, ist für mich, falls ich überhaupt jemals so weit komme, Zukunftsmusik. Und ehrlich gesagt habe ich in meinem Alter auch gar keine Lust mehr, dafür viel Geld auszugeben und all das, was man dafür braucht und wissen muss, mühsam zu erlernen. Denn ich bin mir fast sicher, dass ich dabei blöde Fehler machen werde, wobei zur falschen Zeit auf- und abgehende Rollläden noch das geringste Problem wären. Aber was ist, wenn ich aus Versehen oder weil ich nicht durchblicke, den Küchenherd in Gang setze und damit schlimmstenfalls sogar einen Brand auslöse? Oder die Dusche im Bad anstelle und damit eine veritable Überschwemmung heraufbeschwöre? Nein, der Zug ist definitiv abgefahren. Wobei ich mir immer wieder sage, dass ich in puncto Smartphone schon so viel gelernt habe, was mir den Alltag erleichtert, dass es nicht unbedingt darauf ankommt, von dem genialen Gerät immer noch mehr zu verlangen. Allein schon deshalb, weil mich die komplexe Bedienung zweifellos – und das ist meine Hauptbefürchtung – irgendwann derart überfordern würde, dass ich alles durcheinanderbrächte und überhaupt nicht mehr wüsste, was Sache ist.

Gerade in Bezug auf die digitalen Möglichkeiten scheint mir das bekannte Sprichwort von der Bescheidenheit, die eine Zier ist, voll ins Schwarze zu treffen. Zwangsläufig auf mich zukommende Entwicklungen wie die digitale Patientenakte werden mich auch so schon genug fordern, wenn nicht gar an meine Grenzen bringen. Wobei die Idee, sämtliche wichtigen Patientendaten – Laborwerte ebenso wie krankheitsbedingte Einschränkungen, verordnete Medikamente sowie frühere Operationen – für jeden Arzt allzeit verfügbar zu haben, durchaus vernünftig klingt. Und was Informationen aus dem Internet angeht, so weiß ich deren Verfügbarkeit per Handy von Tag zu Tag mehr zu schätzen. So checke ich – man beachte meinen neu erworbenen Wortschatz – seit vorletzter Woche in der Stadtbibliothek bei Romanen, die mich interessieren könnten, erst einmal auf den Internetseiten diverser

Versandbuchhandlungen die Handlung und vor allem die von anderen Lesern abgegebenen Beurteilungen. Wenn fast alle, die das Buch schon gelesen haben, ganz begeistert davon sind, steigert das auf alle Fälle die Chance, dass es auch mir gefallen könnte.

Weil wir gerade über die Darstellung aller möglichen Internetseiten auf dem Smartphone sprechen: Die betrifft keineswegs nur Inhalte, die anzusehen meine Eltern seinerzeit erlaubt hätten. Nein, heutzutage ist es überhaupt kein Problem, sich über das Internet auch Videos mit brutalen Gewaltszenen und nicht zuletzt harter Pornografie anzusehen. Wenn überhaupt eine Alterskontrolle stattfindet, dann bestenfalls in Form der idiotischen Frage, ob man schon 18 Jahre oder älter sei. Jedes Kleinkind kann hier auf »schon älter« klicken, und dann stehen ihm Filmszenen offen, die zumindest meiner Mutter die Schamesröte ins Gesicht getrieben hätten. Und ich bin fest davon überzeugt, dass viele Jungen oder Mädchen, die in einer verborgenen Ecke des Schulhofs kichernd auf ihre Handys starren, sich gerade eine der in großer Vielfalt verfügbaren Pornoseiten zu Gemüte führen.

Wie prüde wurden wir dagegen früher erzogen! Ich erinnere mich noch genau, wie aufgeregt ich war, als ich einmal in einem durchaus seriösen Fotomagazin die Aufnahme einer spärlich bekleideten jungen Dame an einem tropischen Strand entdeckte. Ein von einem Profi aufgenommenes, überaus ästhetisches Foto, das – daran erinnere ich mich noch ganz genau – nicht die Spur anstößig war. Doch mit ihrem untrüglichen Instinkt für alles nur im Entferntesten Unmoralische hatte meine Mutter mein Interesse daran sehr schnell erfasst, und schon nach drei Tagen, in denen ich immer wieder einmal einen verstohlenen Blick in das Heft geworfen hatte, war die Seite herausgerissen. Erschienen beim ausnahmsweise gestatteten abendlichen Fernsehen – länger als bis neun durften mein Bruder und ich ohnehin nicht aufbleiben – Szenen auch nur schamhaft angedeuteter Erotik auf dem Bildschirm, konnten wir sicher sein, dass uns unsere Eltern mit der Bemerkung »Ich glaube, das ist nichts für euch« unweigerlich ins Bett schickten.

Am häufigsten denke ich heute jedoch an die 1950er-Jahre zurück, wenn ich in der Zeitung oder den Fernsehnachrichten mit den USA und ihrem verschrobenen Verhältnis zu Sitte und Moral konfrontiert werde. Denn die verklemmte Prüderie und geile Neugier im Deutschland der beiden Nachkriegsjahrzehnte und im heutigen Amerika scheinen mir durchaus vergleichbar. Alles, was auch nur am Rand mit Sexualität zu tun hatte, musste unbedingt von Kindern und Jugendlichen ferngehalten werden und wurde schonungslos zensiert. Nicht etwa bluttriefende Kriegsfilme, die Glorifizierung von Massenvernichtungswaffen oder die Darstellung brutaler Verbrechen galten als bedenklich für Kinder und Jugendliche, sondern weit mehr die Zurschaustellung von wenigen Quadratzentimetern nackter Frauenbrust oder eines Filmkusses, bei dem sich die Lippen der Beteiligten möglicherweise tatsächlich berührten.

Unzugänglich waren für uns auch die vor Moralinsäure geradezu triefenden Artikel diverser Illustrierter und sonstiger Druckerzeugnisse, in denen selbst ernannte Moralapostel unseren Eltern die Gefahren ausschweifender Jugendsexualität in den düstersten Farben ausmalten. In dem Buch *Der gute Ton* von Konstanze von Franken, das aus den 1920ern stammte, aber bis weit in die 1950er immer wieder neu aufgelegt und seinerzeit viel gelesen wurde, warnte die Autorin besorgte Eltern, welch furchtbare Folgen Selbstbefriedigung haben könne und dass deshalb jede Gelegenheit und Versuchung, sich derart lasterhafter Beschäftigungen mit dem eigenen Körper hinzugeben, von den Kindern unbedingt fernzuhalten seien: »Verantwortungsbewusste Eltern werden also darauf achten, dass der Junge oder das Mädchen in einem kühlen Zimmer schläft, nur mit einer leichten Decke, nicht zu warm darf es werden. Morgens muss er oder sie sogleich nach dem Wachwerden aufstehen und sich kalt abwaschen. Manchmal kann es auch notwendig sein, dass das Kind mit einem eng sitzenden Höschen bekleidet schläft. Auch auf die Verabreichung reizloser Kost ist zu achten. Man muss dem Kind deutlich machen, dass die Onanie eine sexuelle Ausschweifung und Verirrung ist und auf Dauer zum Wahnsinn oder zumindest zum Verlust aller Lebenskräfte führt.«

Wenn mir das mit der gar so leicht zugänglichen Pornografie auch nicht gefällt, bin ich doch froh, dass uns Eltern und vor allem unseren Kindern heutzutage zumindest der hanebüchene Unsinn derartiger Verhaltensratgeber erspart bleibt.

Sind Computer die klügeren Menschen?

Wenn man sich so intensiv mit Informationstechnologie – abgekürzt IT – beschäftigt wie Romy und ich, bleibt es gar nicht aus, dass man über ein Thema stolpert, das zurzeit in aller Munde ist und die Medien beherrscht: künstliche Intelligenz, kurz KI. Und was sie mir da auf ihrem Tablet – eine Art überdimensionales Smartphone – vorführt, verschlägt mir im wahrsten Sinne des Wortes den Atem. Beim bloßen Zuschauen schwanke ich zwischen ungläubigem Staunen, grenzenloser Begeisterung und schierem Entsetzen hin und her. Das Programm, von dem ich sogar schon ein paarmal gehört hatte, hat den unaussprechlichen Namen ChatGPT, und was man damit alles machen kann, ist wahrhaft unglaublich.

Zuerst schreibt Romy einen kurzen Text über die Frage, ob Mädchen im Sommer lieber Hosen oder Röcke tragen sollen, und dann lässt sie ChatGPT diesen Text nacheinander ins Englische, Französische, Spanische, Schwedische und Arabische übersetzen. Womit das Programm nicht die geringsten Probleme hat. Dann schreibt sie in das dafür vorgesehene Feld, sie möchte sich in einer Universitätsklinik als Kinderkrankenschwester bewerben, habe intensive Erfahrung mit Frühgeborenen, möchte aber nicht allzu viele Nachtdienste haben. Woraufhin sie den Chatbot – so nennt man ein solches Programm – auffordert, ein entsprechendes Bewerbungsschreiben zu verfassen. Das erledigt dieser ebenso schnell wie professionell und erfüllt dabei zuverlässig sämtliche Vorgaben. Daraufhin schreibt sie: »In meinem Kühlschrank habe ich noch etwas Reis, Butter, Orangensaft, Tomatenmark und einen Rest Leberwurst. Was kann ich damit Leckeres zubereiten? Erstelle bitte eine Zutatenliste mit spezieller Kennzeichnung von Lebensmitteln, die ich noch kaufen muss, und beschreibe die Herstellung des Gerichts in chronologischer Reihenfolge.« Es dauert nur wenige Sekunden, dann schlägt ChatGPT ein Gericht namens »Orangenleber mit Dörrpflaumen« vor und nennt als noch zu besorgende Zutaten Pflaumen im Glas sowie Doppelrahmkäse. Das exakte Rezept mit sämtlichen Einzelschritten folgt.

»Wie viel kostet so etwas?«, stoße ich atemlos hervor.

»Keinen Cent.« Romy grinst mich breit an. »Ist total umsonst. Jedenfalls in dieser Version, die für mich vollkommen ausreicht. Es gibt aber auch eine komplexere und noch deutlich leistungsfähigere Variante. Die kostet dann etwas. Aber ich finde, der Chatbot ist auch in der Gratisversion schon toll, oder nicht?«

Ich kann – mit offenem Mund – nur wortlos nicken.

Gewissermaßen als Zugabe fordert Romy ChatGPT zum Schluss noch auf, eine Zusammenfassung der Handlung von Goethes *Faust* zu erstellen, auf drei Seiten bitte und in einem Stil, dass man den Text einer 15-jährigen Schülerin zutraut. Als das zuverlässig erledigt ist, erweitert sie die Aufgabe um den Zusatz »Und jetzt so, dass ihn auch ein fünfjähriges Kind versteht«. Auch damit hat das Programm keine Probleme. Schließlich bittet Romy ChatGPT, eine Zeichnung zu erstellen, und fragt mich, ob ich einen besonderen Wunsch habe. Spontan verlange ich das Bild einer gelben Katze mit dem Kopf von Ludwig van Beethoven und den Händen eines Tintenfisches. Das dann auch gleich darauf erscheint.

Ich komme mir vor wie in einem Science-Fiction-Roman, spüre aber auch ein wachsendes Unbehagen. Denn die künstliche Intelligenz steckt ja noch, wie ich erst vor Kurzem gelesen habe, in den Kinderschuhen. Und ich möchte gar nicht wissen, was da noch auf uns zukommt, etwa bei der Wettervorhersage, im Finanzwesen, der Biotechnologie, der Kriminalistik und nicht zuletzt in der Medizin, um nur einige Bereiche zu nennen. Sogar der inzwischen altbekannte Enkeltrick, von dem ich eigentlich nicht verstehe, wie man selbst als alter Mensch immer noch darauf hereinfallen kann, lässt sich heute mittels künstlicher Intelligenz derart verfeinern, dass ich mir nicht mehr hundertprozentig sicher wäre, den Betrügern nicht auf den Leim zu gehen. Weil es mittlerweile sogar möglich ist, die Stimme des Anrufers so zu verändern, dass sie von derjenigen der vermeintlichen Hilfsbedürftigen nicht mehr zu unterscheiden ist. Wie auch immer das funktionieren mag, es macht mir Angst.

Was die Bedeutung der künstlichen Intelligenz in Bezug auf die oben erwähnte Heilkunde betrifft, sehen Experten enorme Möglichkeiten. So ist es sicher nur noch eine Frage der Zeit, bis Ärzte bei komplizierten Krankheitsfällen sämtliche Symptome in ein spezielles Programm eingeben werden, dann vielleicht auf Nachfragen weitere Angaben hinzufügen, bis am Ende die präzise Diagnose mit möglichen Differenzialdiagnosen, gefolgt von patientenspezifischen Therapieempfehlungen auf dem Bildschirm erscheint. Und wahrscheinlich kann ChatGPT oder ein ähnliches Programm irgendwann auch den Chirurgen im OP-Saal helfen, wenn es etwa darum geht, sich während eines Eingriffs zwischen mehreren möglichen Vorgehensweisen zu entscheiden. Dann fragt der Operateur vielleicht: »Was meinst du, sollen wir es weiter minimalintensiv versuchen, oder denkst du, die Bauchhöhle zu eröffnen wäre der bessere Weg?« Und eine sympathische Computerstimme stellt noch ein paar Fragen, um dann wohlbegründet die eine oder andere Variante zu empfehlen.

Nach dem, was ich schon in diversen Publikationen gelesen und inzwischen gesehen habe, müssen wir gar nicht mehr lange warten, bis die künstliche die menschliche Intelligenz in den Schatten stellt. Das sei nicht zu befürchten, meinen Sie? Dann möchte ich Sie nur an die Sache mit dem Schach erinnern, die mich als leidenschaftlichen Schachspieler schon vor mehr als 25 Jahren mit grenzenloser Bewunderung, aber auch mit tiefer Besorgnis erfüllt hat. Denn bereits am 10. Februar 1996 – das Datum hat sich mir unauslöschlich eingeprägt – hat ein Schachcomputer namens »Deep Blue« den seinerzeitigen Weltmeister Garri Kasparow geschlagen. Das hatte man bis dahin für ganz und gar unmöglich gehalten, galt doch die Überzeugung, kein technisches Gerät könne jemals intelligenter sein als ein Mensch, als unumstößliches Dogma.

Wobei es ja möglicherweise sogar zutrifft, dass es sich bei der Deep-Blue-Überlegenheit nicht um eine Frage von Intelligenz, sondern »nur« um das Ergebnis einer gewaltigen Programmierarbeit und Rechenleistung handelte, die es dem Rechner ermöglichte, bei jeder vorstellbaren Stellung auf zigtausende ähnliche zuzugreifen, die schon einmal gespielt worden waren, und daraus Schlüsse für die jeweils optimale Strategie zu ziehen. Erst letztes Jahr hat ein Jugendlicher es als erster Mensch fertiggebracht, das Computerspiel »Tetris« zu besiegen. Er schaffte Level um Level und ließ sich dabei auch nicht davon beeindrucken, dass die Spielsteine auf dem Bildschirm immer schneller und schließlich in einem irrwitzigen Tempo herunterfielen. Bis das Programm schließlich –

vielleicht mit einem entnervten Stöhnen? – abstürzte. Offenbar hatten seine Entwickler es für völlig unmöglich gehalten, dass ein Spieler derart weit kommen könnte. Bemerkenswert ist das vor allem, weil »Tetris« schon vorher besiegt worden war. Zwar nicht von einem Menschen, aber von künstlicher Intelligenz.

Wie dem auch sei, ich bin auf dem Gebiet kein Fachmann, aber dass die KI nicht auf dem momentanen, schon immens hohen Niveau stehen bleiben wird, steht für mich fest. Und macht mir, wie gesagt, regelrecht Angst. Erst kürzlich habe ich im Fernsehen ein Interview mit einem der weltweit führenden KI-Forscher aus Kanada verfolgt, in dem dieser erklärt hat, er halte es für durchaus möglich, dass die Menschheit die Kontrolle über die künstliche Intelligenz in den nächsten 5 bis 20 Jahren vollkommen verliert. Da scheint es mir fast tröstlich, dass ich schon so alt bin.

Für mich steht überdies fest, dass mit dem Voranschreiten der künstlichen Intelligenz viele Berufe über kurz oder lang obsolet werden. Denn überall, wo es um objektives, auf Fakten beruhendes Denken, Schlüsseziehen und folgerichtiges Handeln geht, ist ChatGPT uns Menschen ja jetzt schon überlegen. So schnell und präzise wie die künstliche Intelligenz kann kein Anwalt sämtliche zu einem juristischen Problem bereits gefällten Urteile einschließlich Begründungen zusammenstellen. Und kein Architekt ist in der Lage, Unmengen bis dahin realisierter Bauvorhaben auf Ähnlichkeiten hinsichtlich der Statik zu überprüfen. Schon gar nicht in einem solchen Tempo. Was die KI dagegen – beinahe möchte ich sagen zum Glück– nicht beherrscht und hoffentlich auch nie lernen wird, ist alles, wozu man seine Hände braucht. ChatGPT kann weder ein Dach decken noch einen Wurstsalat herstellen und auch nicht selbst eine Operation am offenen Herzen durchführen oder einen kariösen Zahn reparieren. Weshalb auf Dauer vermutlich nur Berufe übrig bleiben werden, zu denen in irgendeiner Form handwerkliches Geschick vonnöten ist.

Doch auch Deutschlehrer zu sein, wie ich früher, wird immer mehr zum Problem werden. Denn laut Romy kann ein Chatbot nicht nur brillante Texte verfassen, sondern auch von seinem Benutzer regelrecht lernen, dessen persönlichen Schreibstil nachzuahmen. Der arme Lehrer, der dann etwa bei einem Hausaufsatz entscheiden soll, ob das, was er zu lesen bekommt, auf dem Mist seines Schülers oder seiner Schülerin gewachsen ist oder von KI verfasst wurde. Er kann mir wirklich leidtun. Ob derlei Möglichkeiten für die Schüler allerdings wirklich vorteilhaft sind, scheint mir doch höchst fraglich. Denn in Zukunft wird es beim Lernen nicht mehr auf die Fähigkeit ankommen, Sachverhalte zu verstehen und sich einzuprägen, sondern möglichst gekonnt Anforderungen – sogenannte »Prompts« – an ein KI-Programm zu formulieren. Dazu gibt es laut Romy schon jetzt eine Menge Youtube-Anleitungen und sogar einschlägige Bücher. Und daran, was künstliche Intelligenz in kommenden Generationen im Hinblick auf die von mir so gepriesene Allgemeinbildung bewirken wird, mag ich überhaupt nicht denken.

»Doch das war noch längst nicht alles«, erklärt Romy ernst. »Die Möglichkeiten von ChatGPT sind wirklich praktisch unbegrenzt. Selbst schwierige Matheaufgaben löst so ein Chatbot mit links.« Während sie spricht, ruft sie auf ihrem Handy eine entsprechende Seite auf und tippt in die Befehlszeile gleich darauf eine Aufgabe aus dem letztjährigen Mathe-Abitur ein, die mir echt komplex erscheint und für deren Lösung ich, wenn ich sie überhaupt zuwege brächte, sicher eine halbe

Ewigkeit bräuchte. ChatGPT hat damit offensichtlich überhaupt keine Mühe und löst sie im Handumdrehen, wobei er nicht nur das Resultat, sondern sogar Schritt für Schritt den kompletten Rechenweg aufzeigt.

»Unglaublich!«, stoße ich hervor. »Ich weiß wirklich nicht, was ich sagen soll.«

Dabei fällt mir plötzlich etwas ein, was mich schon lange nervt, ja geradezu ärgert. Hat zwar nichts mit künstlicher, sehr wohl aber mit menschlicher Intelligenz zu tun. Dass nämlich im Fernsehen Prominente immer wieder damit angeben, ja geradezu kokettieren, sie seien »noch nie gut in Mathe« gewesen. So als ob das kein Makel, sondern im Gegenteil eine besondere Gabe oder eine großartige Leistung wäre. In solchen Momenten kommen mir immer die Worte meines verehrten Mathelehrers in den Sinn: »Rechnen ist keine Mathematik, sondern allenfalls ein erforderliches Hilfsmittel. Das kann jeder Taschenrechner besser als ein Mensch. Mathematik bedeutet dagegen, ein komplexes Problem geistig zu durchdringen und allein durch intensives Überlegen einen schlüssigen Weg zu finden, es zu lösen. Das hat eine ganze Menge mit logischem Denken, also mit Intelligenz zu tun.«

Kein Platz für Senioren

Doch die Probleme älterer Menschen in der heutigen Zeit beginnen weiß Gott nicht erst bei derart komplexen Dingen wie der künstlichen Intelligenz. Vielmehr haben wir Senioren jeden Tag mit Widrigkeiten zu kämpfen, von denen sich viele vermeiden oder zumindest abmildern ließen, wenn die jüngere Generation nur ein bisschen mehr an uns denken würde. Über das Thema haben Ella und ich uns erst gestern mit meinem Freund Ludwig unterhalten. Diesmal allerdings nicht in einem Café, sondern am Rand einer Ausstellungseröffnung im hiesigen Rathaus.

Wieder beginnt unser Gespräch damit, dass Ludwig sich empört schnaufend aufregt. In diesem Fall über einen Jungen, der ihm vor etwa fünf Minuten auf dem Herweg mit seinem E-Roller fast in die Seite gefahren ist. »So ein Rowdy!«, schimpft er. »Schießt mit dem Ding an mir vorbei, als wäre ich gar nicht da. Und das auf einem ganz normalen Gehweg, der, wie der Name doch sagt, zum Gehen, also für Fußgänger, bestimmt ist. Und nicht für Fahrer derartig gefährlicher Geräte und grundsätzlich auch nicht für Radler. Wenn da deutlich erkennbar eine eigene Spur vorhanden ist, sage ich ja gar nichts. Aber dass man als normaler Passant höllisch aufpassen muss, exakt geradeaus und bloß nicht einen Schritt zur Seite zu gehen, ist extrem ärgerlich. Zumal die Deppen, die da links und rechts an einem vorbeibrettern, gar nicht daran denken, vorher wenigstens kurz zu klingeln. Ich frage mich, wozu die überhaupt eine Klingel an ihrem Gefährt haben.«

»Da gebe ich dir voll und ganz recht«, stimmt Ella zu. »Ich wollte neulich die Straße überqueren. Vorschriftsmäßig auf einem Zebrastreifen. Und musste dazu natürlich zwangsläufig von der Mitte des Gehsteigs auf die Straßenseite gehen. In dem Moment düst so ein Rindvieh in einem Tempo an mir vorbei, dass ich vor Schreck fast hingeknallt wäre. Das war, glaube ich, auch einer mit E-Roller. Der Fahrer ist zwar auch erschrocken und hat noch über die Schulter ›Tschuldigung‹ zurückgerufen, aber angehalten hat er nicht. So ein Mistkerl! Ich habe ja noch Glück, dass ich im Großen und Ganzen gut zu Fuß bin, aber wenn ich an Frau Lämmermann denke ...« – sie wendet sich mir zu – »... du weißt schon, die Frau aus dem Nachbarhaus mit dem Rollator. Also der wäre er voll in die Seite geknallt. Und wenn die auf ihr operiertes Bein gedonnert wäre! Ich mag gar nicht daran denken.«

»Nicht nur das«, werfe ich ein. »Die Dinger sind auch sonst ein echtes Ärgernis. Ganz besonders, wenn sie von einer Stadtverwaltung gut gemeint kostenfrei zur Verfügung gestellt werden. Dann werfen viele sie nach Gebrauch nämlich einfach irgendwohin, und da liegen sie dann und versperren anderen den Weg. In Paris, habe ich erst kürzlich gelesen, hat man deshalb E-Scooter in der Stadt konsequent verboten.«

»Ja, Roller und Fahrräder sind für uns Senioren ein echtes Problem«, nickt Ludwig. »Und zwar nicht nur auf dem Gehweg, sondern auch in der Fuuußgängerzone.« Dabei zieht er das »Fuuuß« augenzwinkernd in die Länge. »Aber auch manche Autofahrer könnten ruhig ein bisschen mehr auf uns Rücksicht nehmen. Und es sind fast ausschließlich junge Männer, von denen einige fahren wie die Hirnamputierten. Wenn ein Auto innerstädtisch mit aufheulendem Motor und vielleicht auch noch mit wummernden Bässen um eine Kurve schießt, dass du denkst, du wärst auf dem Nürburgring, kannst du sicher sein, dass da ein Kerl am Steuer sitzt, der den Führerschein höchstens ein paar Jahre hat. Wobei das in der Stadt allenfalls lästig, aber immerhin nicht übermäßig gefährlich ist. Richtig schlimm wird es auf der Landstraße. Ich gebe zu, dass ich mittlerweile auch zu den Rentnern gehöre, die eher gemächlich durch die Gegend zockeln. Und sicher gehe ich damit dem einen oder anderen, der es vielleicht eilig hat, auf den Wecker. Das kann aber doch nicht so weit gehen, dass er mir, wenn ich ihn von hinten im Rückspiegel heranbrausen sehe und er dann so eng hinter mir hängt, dass keine Streichholzschachtel zwischen uns Platz hätte, den Angstschweiß auf die Stirn treibt. Dann habe ich jedes Mal große Lust, voll auf die Bremse zu treten. Aber damit würde ich natürlich vor allem mir selbst schaden. Also lasse ich es. Und dann überholt der Kerl nicht nur mich, sondern gleich auch noch den Sattelzug vor mir. Und das natürlich unmittelbar vor einer unübersichtlichen Rechtskurve. Es ist gerade mal ein paar Wochen her, da konnte so ein Idiot nach einer derartigen Wahnsinnsaktion nur wieder rechts einscheren, weil sowohl der Entgegenkommende als auch der Überholte voll in die Bremsen gestiegen sind. Und was macht der Volldepp? Statt dem lieben Gott für so viel Glück zu danken, gibt er sofort wieder Gas und überholt den nächsten. Wenn er sich unbedingt totfahren will, ist das ja seine Sache. Aber was ist mit einem Entgegenkommenden, der den Raser erst in letzter Sekunde sieht und nicht mehr ausweichen oder bremsen kann? Nein, so einem Wahnsinnigen – wie gesagt, fast immer ein junger Mann – gehört sofort der Führerschein entzogen. Und zwar auf Lebenszeit!«

Doch selbst wenn man als Senior auf das Auto verzichtet und mit dem Bus in die Stadt fährt, ist das nicht ungefährlich.

Davon kann Ella ein Lied singen. Die hat nämlich – es mag ein knappes Jahr her sein – Frau Lämmermann mit ihrem Rollator in den Bus geholfen. Dann hat sie für sich und die gehbehinderte Nachbarin vorne beim Fahrer ein Ticket gekauft und ist beim Zurückgehen, weil der Bus in diesem Moment mit einem Ruck anfuhr, zuerst mit der Hüfte schmerzhaft gegen eine Sitzbank und dann auch noch heftig gegen die arme Frau Lämmermann gestoßen, die, nachdem sie ihre Gehhilfe geparkt hatte, gerade dabei war, einen freien Platz anzusteuern.

In der Tageszeitung habe ich einmal über den öffentlichen Personennahverkehr gelesen, dass Busfahrer erst losfahren dürfen, wenn alle Fahrgäste entweder sitzen oder zumindest Zeit gefunden haben, sich irgendwo festzuhalten. Was normalerweise ja recht schnell geht, im Fall einer gehbehinderten Person aber schon mal etwas länger dauern kann. Zumal es den Fahrschein ja oft nur vorne im Bus zu erwerben gibt. Von dieser Vorschrift hatte der junge Fahrer entweder noch nie etwas gehört, oder der Druck des einzuhaltenden Fahrplans war so hoch, dass er sich in seiner Zeitnot kurzerhand darüber hinweggesetzt hat. Mit dem Ergebnis, dass der guten Frau Lämmermann die Brille – zum Glück ohne zu zerbrechen – aus dem Gesicht fiel und Ella noch wochenlang Hüftschmerzen hatte.

Weil wir gerade beim Sitzen sind – da gibt es noch ein Ärgernis, das ebenfalls mit der Innenstadt und alten Menschen zu tun hat: Es gibt dort viel zu wenige Bänke oder sonstige Sitzgelegenheiten, auf denen Senioren und Seniorinnen sich beim Einkaufsbummel kurz ausruhen können. Vor allem für diejenigen, und das sind gar nicht so wenige, die es nicht schaffen, sich über längere Zeit pausenlos auf den Beinen zu halten, ist das ein echtes Problem. Vielleicht möchte die Stadt ja auf diese Weise dafür sorgen, dass die zahlreichen Restaurants und Cafés immer gut besucht sind, weil sie praktisch die einzigen Ausruhmöglichkeiten bieten. Ja, kann es vielleicht sogar sein, dass die Lokalbetreiber den in der Stadtverwaltung Verantwortlichen für jede nicht errichtete oder abgebaute Bank eine Prämie zahlen? Bei der stets knappen Stadtkasse und dem Einfallsreichtum unserer Gemeinderäte halte ich so etwas für durchaus möglich.

Doch kommen wir noch einmal auf die Autofahrer zurück. Ludwig hat ja ehrlich zugegeben, dass er außerhalb von Ortschaften eher gemächlich unterwegs ist. Damit ist er natürlich beileibe nicht der Einzige. So wie es überproportional häufig junge Männer sind, die sich von keiner Geschwindigkeitsbegrenzung und nicht selten sogar von keinem Überholverbot in ihrem Vorwärtsdrang aufhalten lassen, so sind es eben auch vor allem die Älteren, die genau das Gegenteil tun. Wenn in der Stadt außerhalb einer 30er-Zone ein Auto mit 25 Stundenkilometern vor einem herzockelt und auf einer Landstraße jemand bei erlaubten 80 mit 55 dahinkriecht, kann man fast sicher sein, dass der Fahrer zu den reiferen Jahrgängen gehört. Wobei man noch froh sein muss, wenn er sich ansonsten an die Verkehrsregeln hält und nicht, wie kürzlich hier in der Nähe geschehen, auf die Idee kommt, auf einer vierspurigen Schnellstraße zu wenden und sie dann in Gegenrichtung zu befahren.

Zwar kann man immer wieder lesen, es seien keinesfalls die Alten, die die meisten Unfälle verursachen, vielmehr hätten in dieser Disziplin die Fahranfänger die Nase vorn, aber dabei wird übersehen, dass es oft gerade ältere Bummler sind, die – wie ja auch bei Ludwigs Erlebnis – andere Verkehrsteilnehmer zu riskanten Fahrmanövern veranlassen. Was natürlich keinerlei Rechtfertigung für deren verantwortungsloses Verhalten sein soll. Ich wäre jedenfalls vollkommen einverstanden, wenn jeder Autofahrer und natürlich auch jede Autofahrerin ab 70 in regelmäßigen Abständen bei einer kleinen Tour mit einem Fahrlehrer unter Beweis stellen müsste, dass er oder sie noch alle Verkehrsregeln und vor allem das eigene Fahrzeug beherrscht. Auch wenn ich mir mit einer solchen Forderung ins eigene Fleisch schneide.

In diesem Zusammenhang kommt mir mein ehemaliger Turnlehrer – so hieß das seinerzeit noch – namens Kehrer in den Sinn. Den hatten wir ehemaligen Klassenkameraden der 13 b zu unserer in Nürnberg stattfindenden 50-jährigen Abiturfeier eingeladen. Und er war auch tatsächlich gekommen. Ich gebe ehrlich zu, dass ich ihn, als er den Hotelraum, in dem das Treffen stattfand, betrat, fast nicht mehr erkannt hätte. Der ehemals schlanke, drahtige und muskulöse Mann mit vollem Haar hatte sich in einen moppeligen Greis mit Halbglatze und einem mächtigen, aus der Hose hängenden Bauch verwandelt. Im Gesicht hätte auch nicht eine einzige Falte mehr Platz gehabt, und wenn er sich vorwärts bewegte, dann in kurzen Trippelschritten, bei denen er auch noch schnaufte wie ein undichter Schnellkochtopf.

Rasch überschlug ich im Kopf, wie alt er jetzt sein müsste, und kam dabei auf mindestens 85. Meine ehemaligen Klassenkameraden schienen eine ähnliche Rechnung angestellt zu haben und waren daher, ebenso wie ich, mehr als erstaunt, als er auf die Frage, wie er zu dem heutigen Treffen gekommen sei, vergnügt lächelte: »Wie schon? Natürlich mit dem Auto.«

»Aber doch nicht selbst gefahren?«, stieß Helmuth, zu Schulzeiten unser Klassensprecher, verblüfft hervor.

Das Lächeln von Herrn Kehrer wurde ein ganzes Stück breiter. »Aber selbstverständlich. Ich wohne seit Langem im

Fichtelgebirge, genauer gesagt in Wunsiedel. Da sind es bis hierher knapp 130 Kilometer, also nicht mal zwei Stunden. Das schaffe ich noch locker.«

»Alle Achtung!«, ließ sich Rainer vernehmen. »Und morgen geht's dann wieder zurück?«

»Weiß ich noch nicht«, erwiderte Herr Kehrer. »Hängt davon ab, wie lange das heute Abend dauert. Wenn's nicht allzu spät wird, fahre ich noch heim. Geht doch nichts über das eigene Bett.«

Glücklicherweise entschloss er sich dann aber um kurz nach halb eins, beim Kellner nachzufragen, ob in dem Hotel vielleicht noch ein Zimmer frei sei, was dieser bejahte und ihm auch gleich den Schlüssel aushändigte.

Eine knappe Viertelstunde zuvor hatte der alte Kehrer uns etwas gestanden, was mir in der Erinnerung noch heute Angstschauer den Rücken hinunterjagt. »Ich habe beim Autofahren nur ein Problem: Ich sehe alles doppelt. Dummerweise auch die Linien auf der Straße. Und dann weiß ich nie, welche von beiden die richtige ist.«

»Um Himmels willen!«, stieß Klaus hervor. »Ist das nicht äußerst gefährlich?«

Herr Kehrer lächelte sanft. »Ach, wisst ihr, ich orientiere mich grundsätzlich an der rechten Markierung. So kann ich zumindest nicht unbeabsichtigt auf die Gegenfahrbahn geraten. Bislang ist das noch immer gut gegangen.«

Da meldete sich Georg, pensionierter Internist im Krankenhaus, zu Wort: »Warum gehen Sie dann nicht mal zum Augenarzt? Der kann Ihnen doch sicher weiterhelfen.«

Das Lächeln von Herrn Kehrer wurde zu einem breiten Grinsen. »Ich bin doch nicht blöd. Dann sorgt der am Ende noch dafür, dass ich meinen Führerschein abgeben muss.«

Spätestens seit diesem Erlebnis sage ich mir beim Autofahren oft, wie gut es doch ist, dass ich nicht weiß, wer da so alles um mich herum unterwegs ist. Wobei ich mir ja, das muss ich ehrlich zugeben, so langsam selbst Gedanken machen sollte, ob ich nicht freiwillig den Lappen abgebe. Ich möchte jedenfalls nicht zu den Verkehrsteilnehmern gehören, die den Altersdurchschnitt der Unfallverursacher immer weiter nach oben schieben.

Auch alte Menschen müssen einkaufen

Mittwochvormittag. Ella und ich fahren wie immer an diesem Wochentag zum Edeka-Markt, Einkäufe erledigen. Unterwegs kommen wir an einer Tankstelle vorbei.

»Schau mal«, sage ich, »5 Cent billiger als gestern. Da werden wir auf dem Rückweg tanken. Ist zwar noch nicht ganz leer, der Tank, aber den Preis muss man ausnutzen.«

Wir stellen das Auto auf dem Supermarktparkplatz ab und betreten den geräumigen Laden. Ein Rundumblick zeigt, dass wir nicht das einzige Paar sind. Viele Rentner gehen zu zweit einkaufen. Macht zusammen einfach mehr Spaß, außerdem kann man sich beim Lesen der Artikel- und Preisschilder gegenseitig unterstützen. Die sind nämlich vielfach auffallend hoch oder niedrig angebracht, sodass es nur kniend oder auf Zehenspitzen möglich ist, sie zu entziffern. Für Menschen mit arthrotischen oder ausgeleierten Gelenken eine Zumutung. Eine maßgebliche Rolle bei der schlechten Lesbarkeit spielt zudem die winzige Schrift. Ob da Absicht dahintersteckt? Vielleicht wollen Edeka oder der Filialleiter gar nicht, dass man die Angaben allzu bequem miteinander vergleichen kann. Vielleicht ist ihnen lieber, man greift bei mehreren ähnlichen Artikeln kurzerhand zu dem, was in Griffweite angebracht und damit am einfachsten zu erreichen ist.

Erst vorgestern haben sie in *Marktcheck* gesagt, dass es sich lohnt, im Supermarkt in die Knie zu gehen und auch die unteren Reihen aufmerksam zu inspizieren. Dort finde man, hieß es, in der Regel die günstigsten Angebote. Gut zu wissen, ging es mir durch den Kopf, aber für viele von uns Senioren alles andere als einfach. Runter kommen wir ja meist noch halbwegs mühelos, aber das danach zwangsläufig erforderliche Wiederaufrichten gestaltet sich doch oft arg beschwerlich. Das ist bei Ella und mir auch nicht anders. Da kommt mir spontan der respektlose Spruch mit dem Schuh-Zubinden bei älteren Leuten in den Sinn: »Jetzt bin ich schon mal unten, was könnte ich da vielleicht gleich noch mit erledigen?«

»Wo sind denn die Süßigkeiten?«, fragt Ella, während sie mich sanft in die Seite stupst. »Die waren doch immer hier.«

Ich sehe mich verwirrt um. Ja, die standen noch am Samstag in diesem Regal, da hat sie recht. Denn da habe ich mir nicht zum ersten Mal eine Tafel Kokosschokolade gekauft, die ich immer am rechten Rand des drittuntersten Fachs gefunden habe. Doch da stehen jetzt Hunde- und Katzenfutter. Und wohin haben sie dann die Süßigkeiten geräumt? In den Nachbarregalen sind sie jedenfalls nicht. Auch Ella hat bei ihrer Suche keinen Erfolg. Da bleibt uns wohl nichts anderes übrig, als eine Angestellte zu fragen. Doch das ist leichter gesagt als getan, denn so sehr wir uns auch die Augen ausschauen, weit und breit ist von den Supermarkt-Mitarbeiterinnen keine einzige zu entdecken. Nach langem Suchen finde ich endlich eine, und die weiß zwar, dass etliche Artikel umgestellt worden sind, hat aber keine Ahnung, warum und vor allem wohin.

Also lassen wir erst mal Süßigkeiten Süßigkeiten sein und erledigen die anderen Einkäufe. Dabei begegnen wir zum Glück einer Angestellten, die sich auskennt und uns freundlicherweise zum jetzt gültigen Regal führt. Doch damit haben wir zwar die richtige Stelle, aber noch lange nicht die Kokosschokolade gefunden. Weil die sich eben nicht mehr am rechten Rand des drittuntersten Faches, sondern nun ganz oben befindet. Da fragt man sich schon, was das soll. Warum liegt die Schokolade hier auf einmal besser? Sie nimmt doch nach wie vor denselben Platz ein, und wer jetzt Tierfutter braucht, muss ebenfalls lange suchen. Könnte man nicht, wenn die Umräumerei schon unbedingt sein muss, an der Stelle, wo etwas Gewohntes auf einmal nicht mehr liegt, einen kurzen Hinweis anbringen, wo man das jetzt findet? Für junge Menschen mit flotten Beinen mag das ja alles kein Problem sein, aber uns Senioren könnte man doch solche unnötigen Wege getrost ersparen. Wobei es im Übrigen auch durchaus hilfreich wäre, wenn irgendwo ein, zwei Stühle ständen, auf denen wir uns bei den langen Suchgängen wenigstens ein wenig ausruhen könnten. Denn für so einen Mist wie die völlig unverständliche Umräumerei sind wir wirklich zu alt.

Das größte Problem im Supermarkt sind für Senioren einem Zeitungsartikel zufolge, den ich kürzlich gelesen habe, jedoch die Kassen. Weil es da auch diejenigen Kunden, die zuvor in aller Ruhe durch die Gänge geschlendert und das Angebot gesichtet haben, plötzlich eilig haben. Das beginnt mit dem hektisch-drängelnden und alles andere als rücksichtsvollen Die-Reihe-Wechseln, wenn eine neue Kasse geöffnet wird, geht weiter über unwilliges Brummen, wenn ein älterer Kunde den Drang verspürt, einen Betrag von 24,57 Euro unbedingt centgenau zu begleichen, und endet beim umständlichen Verstauen des Gekauften im Einkaufswagen. Als ob es bei all dem plötzlich auf Sekunden ankäme.

Doch wenn ich ehrlich bin, muss ich zugeben, dass ich von derlei Anflügen von Hektik auch nicht frei bin. Auch ich schätze beim Annähern an die Kassen schon aus größerer

Entfernung ab, in welcher Schlange es wohl am schnellsten vorangehen wird. Wobei ich zu meiner Schande sogar gestehen muss, dass ich Kassen, vor denen Ältere warten, gerne meide. Doch am meisten halten Frauen den Betrieb auf, die meinen, beim Einräumen der Einkäufe in den Wagen unbedingt ihren Geldbeutel in einer Hand halten zu müssen, und deshalb nur die andere benützen können. Dafür bezahlen sie dann in der Regel zügig.

Apropos bezahlen. Das erledigen ja heutzutage immer mehr Kunden mit Bankkarte oder Handy. Beides geht sehr schnell, erfordert kein Geldbeutelgewühle und bei nicht allzu großen Beträgen sogar nicht einmal mehr die Eingabe irgendeiner PIN oder Geheimzahl. Ella und ich verwenden auch schon seit Längerem unsere Karte, mit der Handybezahlung haben wir uns mangels Notwendigkeit bisher noch nicht vertraut gemacht. Auf jeden Fall bemühen wir uns, an der Kasse schnell zu machen, was wir allein schon dadurch sicherstellen, dass der eine noch die letzten Artikel einräumt, während der andere schon bezahlt. Dabei schüttle ich fast immer den Kopf über die Preise, von denen die meisten auf Komma 99 enden.

Ich wende mich Ella zu, doch die kommt mir zuvor: »Ich weiß, dich regen mal wieder die blöden Neunerpreise auf. Aber lass gut sein, diese Idiotie änderst du auch nicht. Mit deinem Ärger treibst du nur unnötig deinen Blutdruck in die Höhe.«

Ich atme tief durch, Sie hat ja recht. Für mich ist das nämlich totale Volksverdummung. Obwohl: Ich habe erst letzte Woche irgendwo gelesen oder gesehen, dass das psychologischen Studien zufolge tatsächlich funktioniert. Wobei das heutzutage zumindest von der Abwicklung her ja noch geht. Den Scannerkassen ist der Preis schließlich vollkommen schnuppe. Aber wenn ich an früher denke, als die Frau an der Kasse noch jeden Betrag einzeln per Hand einzutippen hatte. Da mussten sie in den Supermärkten die Neunertasten bestimmt jeden Abend auswechseln, weil die total abgenutzt waren.

Doch warum überhaupt immer so eine Hektik an der Kasse? Wenn man eine halbe Stunde lang eingekauft und dabei vielleicht noch mit dem einen oder anderen Bekannten ein mehr oder weniger langes Schwätzchen gehalten hat, kommt es dann beim Bezahlen auf zwei Minuten mehr oder weniger an? Wie gesagt, ich lasse mich ja selbst immer wieder zu großer Eile hinreißen und ärgere mich, wenn ich sehe, dass es an der Nachbarkasse, an der ich mich ursprünglich anstellen wollte, schneller vorwärts geht, aber den Grund für meine Hektik kann ich eigentlich gar nicht erklären. Dabei haben Marktforschungsinstitute schon vor Jahren festgestellt, dass sich speziell ältere Menschen im Supermarkt wohler fühlen und – für die Betreiber entscheidend – auch deutlich mehr kaufen, wenn sie sich dabei nicht unter Druck gesetzt fühlen, und zwar auch nicht beim abschließenden Bezahlen.

In den Niederlanden gibt es deshalb in den Märkten einer bekannten Supermarktkette schon seit Längerem sogenannte Plauderkassen, bei denen es – darauf weisen Hinweisschilder ausdrücklich hin – nicht um Tempo geht. Wer sich hier anstellt, bringt Zeit mit und kann sicher sein, dass es auch die Kassiererin nicht eilig hat. Hier dreht sich alles nicht primär ums Bezahlen, sondern ums Sich-Unterhalten, und zwar sowohl mit der Angestellten an der Kasse als auch mit anderen Kunden, denen es ebenfalls nicht auf eine Viertelstunde mehr oder weniger ankommt. Fast so wie in den Tante-Emma-Läden meiner Kindheit und Jugend, die ja vor allem in ländlichen Gegenden keineswegs nur eine Einkaufsinstitution waren, sondern auch als Informationszentrale dienten, wo die Kunden neueste Nachrichten und Gerüchte austauschten.

In einem Supermarkt, in dem wir allerdings nur hin und wieder einkaufen, gibt es seit Neuestem Selbstbedienungskassen. Da erfasst jeder Kunde die eingekauften Waren mit einem Handscanner ohne Mithilfe einer Angestellten selbst und bezahlt am Schluss mit seiner EC-Karte. Für den Supermarkt hat das den Vorteil, Personal einzusparen, und für den Kunden, dass wegen des geringeren Platzbedarfs solcher Kassen mehr davon aufgestellt werden können. So werden lästige Warteschlangen vermieden. Ich frage mich allerdings, ob alle Kunden, die diese Bezahlmethode nutzen, der Versuchung widerstehen können, den einen oder anderen Artikel in ihrer Einkaufstasche verschwinden zu lassen, ohne vorher den Preis erfasst zu haben. Dieses Risiko, das noch dadurch verstärkt wird, dass man ein technisches Gerät mit Sicherheit skrupelloser betrügt als einen Menschen, versuchen die Marktbetreiber dadurch zu minimieren, dass sich ständig ein Angestellter oder eine Angestellte im Bereich der SB-Kassen auf- und dort die Augen offen hält. Die Erfahrungen mit dieser Bezahlmethode scheinen nach dem, was ich kürzlich in der Zeitung gelesen habe, jedenfalls nicht schlecht zu sein. Gestohlen wurde und wird immer, und es sieht erstaunlicherweise nicht so aus, als würde der Ladendiebstahl dort, wo SB-Kassen im Einsatz sind, entscheidend zunehmen.

Wir können nicht einmal sagen, warum, aber Ella und mir sind die Dinger irgendwie suspekt. Das liegt vielleicht einfach daran, dass sie so neu sind und wir uns noch nicht daran gewöhnt haben. Wie heißt es so schön? Was der Bauer nicht kennt, das frisst er nicht. Außerdem haben wir die Sorge, wir könnten beim Scannen etwas falsch machen und die Aufsichtsperson müsste uns dann helfen. Vor den Augen der anderen Kunden, die dann vielleicht meinen, wir hätten geklaut. Nein, einer solchen Peinlichkeit wollen wir uns lieber nicht aussetzen und stellen uns deshalb wie gewohnt schön brav an einer der herkömmlichen Kassen an, legen akkurat Artikel für Artikel aufs Band und lassen uns nachher von der Kassiererin sagen, was wir zu bezahlen haben. So wie eh und je. Zeit haben wir ja wirklich zur Genüge.

Was mich mittlerweile allerdings massiv nervt, sind die bereits erwähnten Lose, die man oft ungefragt an der Kasse erhält und auf denen meist eine Art Code freizurubbeln ist. Den muss man dann mühsam auf der Internetseite des jeweiligen Anbieters eingeben. Was soll das! Mich persönlich ärgert das umständliche und kundenfeindliche Verfahren so sehr, dass ich mir mittlerweile das mühsame Prozedere von vornherein erspare und das Los noch im Supermarkt in einen der bereitstehenden Papierkörbe werfe. Und ich bin fest davon überzeugt, dass der Großteil meiner Altersgenossen das genauso handhabt. Ja, ich könnte mir sogar gut vorstellen, dass die die Lose herausgebenden Firmen genau mit diesem Verhalten rechnen. So können sie ihren guten Willen demonstrieren und haben doch gute Chancen, sich die Ausgaben für die ausgelobte Kreuzfahrt oder den Drei-Tages-Wellness-Aufenthalt in einem Luxushotel zu sparen.

Nachdem Ella und ich unsere Einkäufe erledigt, dabei auch die lange gesuchte und endlich gefundene Kokosschokolade in unseren Wagen gepackt und mit der Karte – zum Glück ohne Notwendigkeit einer verwechslungsgefährdeten PIN-Eingabe – bezahlt haben, laden wir alles ins Auto und machen uns wieder auf den Heimweg. Beim Anblick der Tankstelle fällt mir gerade noch rechtzeitig ein, dass ich ja wegen des momentan günstigen Preises Benzin nachfüllen will, doch beim Blick auf die Preistafel klappt mir das Kinn herunter. Sage und schreibe 9 Cent ist der Preis seit vorhin, das heißt seit nicht einmal einer Dreiviertelstunde, gestiegen. Ich frage mich, was das soll. Es kann ja wohl nicht sein, dass sich die Lage auf dem internationalen Rohölmarkt in dieser kurzen Zeitspanne derart geändert hat. Wobei, das habe ich kürzlich im Radio gehört, derartige Preisänderungen nicht nur ab und zu, sondern mehrmals täglich erfolgen. Der Tankstellenbetreiber selbst hat darauf gar keinen Einfluss. Der jeweils gültige Preis wird auf den Anzeigetafeln zentral gesteuert angezeigt. Müssten die Angestellten dazu noch, wie früher, jedes Mal auf eine Leiter steigen und die Veränderung manuell durch Einstecken neuer Täfelchen vornehmen, hätte der Blödsinn mit Sicherheit rasch ein Ende.

Moderne Autos – nichts für Senioren?

Es ist Freitagabend, und wir sind mit den Wimmers – Karin und Dieter, beide ehemalige Lehrerkollegen und mittlerweile 81 – zum Essen verabredet. Im »Goldenen Kreuz«, unserem Lieblingslokal, etwa 15 Kilometer entfernt sehr hübsch an einem kleinen See gelegen. Dort haben wir uns früher alle zwei, drei Wochen getroffen, aber in den letzten Jahren sind die gemeinsamen Restaurantbesuche seltener geworden. Was nicht zuletzt an den kontinuierlich gestiegenen Kosten liegt. Denn für ein anständiges Essen in einem halbwegs ordentlichen Lokal – und das »Goldene Kreuz« liegt eher im oberen Drittel der Qualitätsskala – mit Hauptmahlzeit und Dessert ist man inklusive Getränken zu zweit rasch 100 Euro und mehr los.

Man muss nur an den Wein denken, der für Ella und mich ebenso wie für Dieter und Karin unbedingt zu einer gepflegten Mahlzeit dazugehört. Dabei ist es noch gar nicht allzu lange her, da bekam man, wenn man ein Glas Roten oder Weißen bestellte, ganz selbstverständlich einen Viertelliter. Doch diese Zeiten sind leider vorbei. Heutzutage enthält ein Glas in vielen Restaurants nur noch jämmerliche 0,1 Liter. Was bedeutet, dass ein Wirt mit einer Literflasche sage und schreibe zehn Gläser füllen kann. Wobei man dann für jedes, auch wenn es sich keineswegs um einen erlesenen Spitzentropfen handelt, nicht selten 8 Euro und mehr hinblättern muss. Viel Geld für einen bescheidenen Genuss, denn es bedarf schon einer ausgefeilten Trinktechnik, um eine solche Miniportion nicht in einem einzigen Schluck zu konsumieren.

»Zum Glück gibt es hier noch Speisekarten, wie wir sie seit Jugendzeiten kennen«, freut sich Dieter. »Elegant gestylt, aufklappbar und regelmäßig gewechselt. Mein Vater hätte seine Freude daran gehabt. Auf so was hat er extrem Wert gelegt.«

»Ja, die sehen echt gut aus«, stimmt Ella zu. »Aber das muss ja eigentlich auch so sein. Wenn in einer Speisekarte die Seiten abgegriffen und mit Bier- oder Soßenflecken verschmutzt sind, vergeht mir jedenfalls auf der Stelle der Appetit.«

»Seit Corona gibt es ja in manchen Restaurants gar keine herkömmlichen Speisekarten mehr«, erklärt Karin und blickt Dieter dabei mit hochgezogenen Augenbrauen an. »Weißt du noch, neulich in Köln?«

Dieter winkt ab. »Erinnere mich bitte nicht daran.«

»Wieso«, frage ich. »Was war da?«

Und Karin erzählt: »Da wollten wir in so einem hippen Lokal essen. Und da gab es eben keine Speisekarten.«

»Sondern?«, fragt Ella.

»Auf jedem Tisch nur so ein viereckiges Ding. Ihr wisst schon, mit so einem Gekrakel drin.«

»Du meinst einen QR-Code«, werfe ich fachkundig ein und schicke einen stummen Dank an Romy.

»Du kennst dich ja echt aus«, sagt Dieter, offene Bewunderung in der Stimme.

»Man geht halt mit der Zeit«, erwidere ich. »Den Code musstet ihr abscannen, vermute ich, und hattet dann die Speisekarte auf euren Handys. Richtig?«

Karin nickt, sichtlich beeindruckt. »Hätten wir vielleicht gehabt. Klappte mit unseren Smartphones aber nicht. Wir hätten dazu einen QR-Scanner gebraucht, habe ich mir inzwischen sagen lassen. Weißt du, wo man so was herbekommt?«

»Klar, kein Problem«, verkünde ich großspurig und schicke Romy einen weiteren stillen Gruß. »Gib mal dein Handy rüber.«

Doch ich kann mein Versprechen, einen Scanner zu installieren, nicht wahrmachen, weil keiner von beiden sich an sein Passwort erinnert. Achselzuckend versichern beide, sie hätten das irgendwo notiert und würden bis zu unserem Wiedersehen sicher Bescheid wissen.

Der Kellner, der uns gerade mit alkoholfreiem Bier versorgt, hat meine Erklärung offenbar mitgehört und mischt sich ein: »Entschuldigung, aber dazu braucht man neuerdings gar keinen Scanner mehr, die Smartphone-Kamera reicht aus.« Man lernt halt nie aus.

Damit verlassen wir das Thema und wenden uns als Nächstes dem eigentlichen Grund unseres Zusammentreffens zu: dem neuen Auto, das die Wimmers erst vor wenigen Tagen beim Händler abgeholt haben. Doch als ich gespannt frage, ob wir uns das gute Stück mal ansehen dürfen, zieht Dieter bedauernd die Schultern hoch und meint, da müssten wir schon mit ihnen nach Hause kommen, da stehe das Teil in der Garage. Eigentlich habe er ja vorgehabt, damit zu unserer Verabredung zu kommen, aber dann habe ihn, das gebe er ehrlich zu, der Mut verlassen. Bevor er mit dem Auto eine längere Strecke fahre, müsse er sich damit erst noch besser vertraut machen, sonst sei ihm die Sache einfach zu gefährlich. Deshalb hätten sie heute ausnahmsweise mal vom Selbstfahren abgesehen und ein Taxi genommen.

»Wieso gefährlich?«, fragt Ella. »Ich dachte, die heutigen Autos werden immer sicherer.«

Dieter schüttelt den Kopf. »Vielleicht, was Fahrwerk und Bremsen angeht, aber ganz sicher nicht in Bezug auf die Bedienung.«

Und dann erzählt er uns von all den hochmodernen Dingen, die das Fahrzeug – kein E-Auto, die Umstellung traue er sich in seinem Alter nicht mehr zu, sondern ein herkömmlicher Benziner, aber immerhin zum ersten Mal mit Automatikgetriebe – zu bieten habe: »Toll finde ich das Killes-System. Das ist echt megapraktisch.«

»Killes-System?«, frage ich. Davon habe ich noch nie gehört. Doch als Dieter erklärt, da müsse man den Schlüssel nur in der Hosentasche haben, dann entriegelten die Türen automatisch, sobald man sich dem Auto nähere, muss ich kurz zur Seite blicken, um nicht breit zu grinsen. Er meint natürlich »keyless«, also ein schlüsselloses System, wie es bei Neufahrzeugen heutzutage praktisch Standard ist.

Aber ich muss aufpassen, sonst verpasse ich noch etwas. Dieter schwärmt nämlich gerade von dem großen Touchscreen, mit dessen Hilfe sich die komplette Bedienung des Fahrzeugs per Fingerkontakt erledigen lasse. »Radio, Heizung, Belüftung, Navi und noch viel mehr, alles läuft über den Bildschirm. Nirgendwo mehr Knöpfe oder Schalter. Das ist zwar todschick, aber auch sehr gewöhnungsbedürftig. Bis ich da durchblicke, dauert es mit Sicherheit noch eine ganze Weile.«

»Kann ich mir vorstellen«, sage ich mitfühlend. »Aber ist das nicht gefährlich? Wenn du beim Fahren nicht nur ständig auf das Ding schauen, sondern auch noch daran rumhantieren musst, lenkt das doch extrem ab, oder etwa nicht?«

Dieter nickt bedächtig. »Das ist ja gerade das Problem. Als wir beschlossen haben, uns ein neues Auto zuzulegen, haben wir uns natürlich intensiv mit der neuartigen Ausstattung beschäftigt, und ich habe mir das alles bei einer Probefahrt auch vorführen lassen. Das war zwar sehr interessant, aber vor allem überaus anstrengend. Man glaubt ja gar nicht, was man mit so einem Touchscreen alles machen kann. Als die Probefahrt vorbei war und ich ausgestiegen bin, hat mir jedenfalls der Kopf gebrummt. Ich bin überzeugt, dass sich schon junge Leute mit all dem Zeug schwertun, aber die kennen so was ja von ihren Computern und Handys. Aber ich mit über 80 – also, ich weiß nicht. Aber was will man machen? Man kriegt ja von der Mittelklasse aufwärts nichts anderes mehr.«

Ella zieht die Stirn kraus. »Darüber, ich meine über die Vorzüge und Nachteile solcher Auto-Touchscreens, kam neulich ein sehr interessanter Bericht im Fernsehen. Dabei haben sie eine Studie, ich glaube von einem englischen Institut, erwähnt, derzufolge sich die Reaktionszeit bei Einstellungen mithilfe eines Touchscreens stärker verlängert, als wenn man beim Fahren ein Handy benutzt. Was ja bekanntlich verboten ist. Ich glaube, der Wert liegt bei über 50 Prozent.«

»Das heißt«, überlegt Karin laut, »dass, wenn du zum Beispiel die Heizung wie gewohnt mit einem Rädchen oder Schieber verstellst und dafür, sagen wir, drei Sekunden brauchst, die gleiche Einstellung per Touchscreen ungefähr fünf Sekunden dauert. Fünf Sekunden, in denen du nicht auf die Straße und den Verkehr achten kannst – das ist ja lebensgefährlich.«

»Und ob«, stimme ich zu. »Da fragt man sich schon, was so ein Bildschirm im Auto soll. Zumal Ältere wie wir bestimmt noch länger brauchen, um auf dem Schirm eine bestimmte Stelle zu treffen.«

»Sieht halt topmodern und schick aus«, meint Dieter. »Und ist von der Herstellung her wahrscheinlich deutlich billiger als Schalter, Knöpfe und was es an derartigen Bedienelementen sonst noch gibt. Schließlich benötigt man nur einen einzigen Bildschirm, alles andere macht die Software, die sich jederzeit kostengünstig anpassen und erweitern lässt. Zumal Hebel und Knöpfe deutlich verschleißanfälliger sind.«

»Da mag was dran sein«, stimme ich zu. »Aber warum auch immer, fest steht ja wohl, dass so ein Touchscreen umso heikler ist, je älter derjenige ist, der ihn bedient. In unserem Alter ist man nun mal nicht mehr so flott wie in jungen Jahren. Und zwar sowohl in Bezug aufs Kapieren als auch aufs Machen. Denk nur mal ans gute alte Autoradio. Früher hatten die Dinger Stationstasten, die musste man einmal mit seinen Lieblingssendern belegen. Dann brauchte man nur noch auf die richtige zu drücken, und schon hatte man das Programm, das man wollte. Heute dagegen ist es erforderlich, sich durch ein kompliziertes Menü zu arbeiten, während man vielleicht mit 150 Sachen über die Autobahn brettert. Ein Horror!«

»Und selbst wenn du dich irgendwann mit sämtlichen Touchscreen-Funktionen auskennst, Dieter«, fügt Ella an, »ist ein anderer, dem du dein Auto vielleicht mal ausleihen willst, damit völlig überfordert. Die Zeiten, in denen man sich einfach in ein x-beliebiges Auto setzen und damit fröhlich losfahren konnte, scheinen ein- für allemal vorbei zu sein. Zumal die Touchscreen-Bedienung von Fahrzeugmarke zu Fahrzeugmarke wahrscheinlich ganz unterschiedlich ist.«

Ich blicke auf meine Armbanduhr und frage die anderen, ob wir nicht mal langsam bezahlen wollen. Die bejahen, und auf ein Zeichen kommt der Kellner mit zwei nach Ehepaaren getrennten Rechnungen an unseren Tisch. Wir geben ihm ein angemessenes Trinkgeld, und ich will mit Karin, Dieter und Ella gerade zum letzten Mal anstoßen, als mir noch etwas einfällt: »Die haben es schon leicht heute, die Bedienungen«, sage ich. »Müssen nur die Bestellungen korrekt in ihren Kassencomputer eingeben, dann spuckt der am Schluss auf Knopfdruck die Rechnung oder in unserem Fall beide Rechnungen aus. Erinnert ihr euch noch an früher, als die Kellner und Kellnerinnen das alles auf schmalen Blöcken addieren und dann bei mehreren Zahlern auch noch mühsam auseinanderdividieren mussten? Das konnten die zwar im Allgemeinen in einem Affentempo, und wenn man nachrechnete, fand man so gut wie nie einen Fehler. Aber das war ganz schön fordernd. Würde man das von einem heutigen Ober verlangen, ich glaube nicht, dass er das auch nur halb so schnell und dabei noch korrekt hinbekommen würde.«

»Bestimmt nicht«, gibt Dieter mir recht. »Wer kann denn noch im Kopf rechnen? Das lernt doch niemand mehr. Die heutigen Schüler sind derart daran gewohnt, beim Rechnen ihr Handy zu benutzen, dass sie sich schon bei den simpelsten Additionen, Multiplikationen und Divisionen total überfordert fühlen.«

»Prozentrechnung nicht zu vergessen«, merke ich an.

Erst letzte Woche habe ich mit Romy – ich weiß nicht mehr, wie wir darauf gekommen sind – über den Blutkreislauf gesprochen und dabei erwähnt, dass das Blut eines Menschen etwa acht Prozent seines Körpergewichts ausmacht.

»Du wirst vermutlich so etwa 60 Kilo wiegen«, habe ich zu ihr gesagt. »Das bedeutet, dass dein Blut … na, wie viel wiegt?«

Sie hat die Stirn gerunzelt und dann gemurmelt: »Acht Prozent von 60 sind … sind … ein bisschen weniger als zehn.«

»Nicht ungefähr«, habe ich gesagt und dabei bestimmt den Kopf geschüttelt. »Genau bitte. Das ist doch nicht schwer auszurechnen.«

Das war es für Romy aber offensichtlich doch. Jedenfalls hat sie noch eine ganze Weile nachgedacht, konnte mir aber selbst dann kein korrektes Ergebnis nennen.

»Du musst doch nur 8 mal 60 rechnen und dann durch 100 teilen«, habe ich ihr erklärt. »Lernt man das heute nicht mehr in der Schule?«

Sie ist ganz rot geworden. »Nö.« Dann hat sie mir aber doch noch laut vorgerechnet: »8 mal 60 ist 480, und das geteilt durch 100 ergibt 4,8. Also 4,8 Kilo, richtig?«

»Stimmt«, habe ich bestätigt. Und dann noch hinzugefügt: »Ich bin zwar auch kein Kopfrechengenie, aber für so eine einfache Aufgabe brauche ich, obwohl ich ja schon alt bin, keine drei Sekunden. Du hättest mal meinen Vater erleben müssen. Der hatte das voll drauf. Zu seiner Zeit gab es schließlich noch keine Taschenrechner, da war er auf schnelles und präzises Kopfrechnen absolut angewiesen. Für eine Aufgabe wie 18 Prozent von 160 hätte er höchstens fünf Sekunden gebraucht«

»Überhaupt scheint es mit der Bildung der heutigen Jugend nicht besonders weit her zu sein«, sagt Karin, nachdem ich von Romys mangelhaften Kopfrechenfähigkeiten erzählt habe. »Erst gestern stand in der Zeitung, mehrere Wirtschaftsverbände hätten sich darüber beklagt, dass sogar Schulabgänger mit anständigen Noten oft erstaunliche Wissenslücken haben und vor allem erheblich schlechter rechnen und Texte verstehen können als früher. Was meines Erachtens eine Menge mit Handys und Tablets zu tun hat. Da hat man halt immer und überall einen Taschenrechner bei sich, und wenn man überhaupt liest, dann höchstens irgendetwas auf dem Display. Welches Kind vertieft sich heute noch in ein dickes Buch? Wenn ich da an meine eigene Kindheit und Jugend zurückdenke! In jeder freien Minute habe ich meinen Kopf in irgendein Buch gesteckt, manche habe ich sogar mehrmals gelesen. Na ja, andere Zeiten, andere Sitten.«

Darauf heben wir unsere Gläser, und fünf Sekunden später sind viermal 0,1 Liter Wein durch unsere Kehlen gelaufen. Alkoholfreies Bier ist ja schön und gut, aber hin und wieder ein Schluck Wein ist bei der minimalen Alkoholmenge doch bestimmt kein Problem. Ist die bei einer Kontrolle überhaupt messbar?

Moderner, aber auch besser?

Als älterer Mensch fällt es einem ganz besonders auf: Das Leben wird immer komplizierter. Und vor allem immer technischer. Wenn ich daran denke, dass meine Mutter früher in dem Mehrfamilienhaus, in dem wir gewohnt haben, jede Woche an einem bestimmten Tag die Waschküche im Untergeschoss zur Verfügung hatte, kann ich das heute kaum noch glauben. In dieser Zeit musste sie alle Hemden, Hosen sowie die komplette Unterwäsche unserer vierköpfigen Familie per Hand mithilfe eines Waschbretts auf Vordermann bringen. Die einzige technische Errungenschaft, die ihr dabei zur Verfügung stand, war eine Schleuder – eines jener plumpen, zylindrischen Geräte mit oben gelegener Einfüllklappe, wie man sie heute noch in manchen Hotelschwimmbädern zum Auswringen der Badebekleidung findet. Das Ding machte einen Höllenlärm und hatte zudem die lästige Angewohnheit, sich ab einer bestimmten Drehzahl selbstständig zu machen und ratternd durch die Waschküche zu hoppeln. Oft war es meine Aufgabe, das zu verhindern, indem ich die Schleuder mit festem Griff an ihrem Platz hielt.

Ich schäme mich fast, es zuzugeben: Aber die limitierte Waschmöglichkeit ließ auch in Bezug auf meine Unterwäsche nur einen wöchentlichen Wechsel, in der Regel nach dem samstäglichen Familienbad, zu. Das hatte zur Folge, dass ich speziell am Samstag – damals war das noch ein Schultag wie alle anderen auch – mit verpinkelter Unterhose im Unterricht saß, die bei jeder unvorsichtigen Bewegung einen alles andere als angenehmen Geruch verströmte. Da hieß es, eisern still zu sitzen, die Beine fest zusammenzupressen und sich wirklich nur zu bewegen, wenn es gar nicht mehr anders ging.

Heute kann man sich das gar nicht mehr vorstellen. Da steckt man die Wäsche einfach in die Waschmaschine, und kurze Zeit später ist – sofern man auch noch einen Trockner besitzt – alles wieder schrankfertig. Ist schon eine tolle Sache. Wobei man natürlich einschränkend berücksichtigen muss, dass die Maschinen eine ordentliche Stange Geld kosten. Erstens in der Anschaffung, zweitens im Betrieb, und dann gehen sie ja auch immer mal kaputt und müssen repariert werden. Derartige Probleme hatten unsere Mütter früher nicht. Außerdem muss man sich mit all den technischen Hilfsmitteln ja auch auskennen. Was speziell für uns Ältere nicht unbedingt einfach ist. Wenn ich nur daran denke, wie viele unterschiedliche Waschprogramme man bei unserer Maschine einstellen kann. Kochwäsche, Feinwäsche, Buntwäsche, Wolle, Seide, dunkle Wäsche, Oberhemden, mit Schleudern oder ohne, und wenn mit, dann wie schnell, welche Temperatur, Voll- oder Kurzprogramm, bügelleicht, Vorwäsche, Stärken und noch viel mehr. Da ist sogar mancher Technikfreak überfordert. Und unsereiner blickt überhaupt nicht mehr durch. Am Ende läuft es doch darauf hinaus, dass man gerade mal drei, vier Programmvarianten kennt und benutzt und die anderen, auch wenn sie vielleicht die bessere Wahl wären, schlicht nicht berücksichtigt. Wobei das sogar noch mehr für den Trockner gilt. Den stellt Ella, wie sie mir einmal erklärt hat, zum Beispiel grundsätzlich auf »schranktrocken«, die anderen Programme wie »bügelfeucht«, »Knitterschutz« und was es da sonst noch so gibt, verwendet sie eigentlich nie.

Oder nehmen wir die modernen Küchengeräte. Bei unserem Backofen zum Beispiel kann man auch jede Menge regeln, und zwar nicht nur Temperatur und Laufzeit, Ober- und Unterhitze oder lieber Umluft, sondern noch eine ganze Menge mehr. Auch da beschränken Ella und ich uns im Grunde auf stets dieselben Einstellungen. Zwar nehme ich mir immer wieder vor, mal was anderes auszuprobieren, aber dann schrecke ich am Ende doch jedes Mal davor zurück, weil ich das Essen nicht verhunzen will. Neulich funktionierten auf einmal am Herd die Kochplatten nicht mehr. Was immer wir auch versucht haben, das Ding ließ sich einfach nicht mehr in Betrieb setzen. Erst nach mehr als einer halben Stunde sind wir darauf gekommen, dass wir wahrscheinlich die Sicherheitsabschaltung aktiviert hatten, aber das nützte uns wenig, weil wir keinen Schimmer hatten, was da zu tun war. Zum Glück gibt's für das Teil eine nicht allzu dicke Betriebsanleitung, und da habe ich nach längerem Suchen und Rumprobieren endlich die Lösung des Problems gefunden. Solche Schwierigkeiten waren meiner Oma fremd. Die hatte noch einen Küchenherd, der mit Koks oder Holz befeuert wurde. Mit dem hat sie die tollsten Sachen gekocht und gebacken, und zwar ohne viel Schnickschnack und schon gar nicht mit einer Sicherheitsabschaltung. An dem Ding habe ich mir genau zweimal die Finger verbrannt, danach ist mir das nie wieder passiert.

So weit zu den Elektrogeräten, mit denen man ja, auch wenn man ihre Möglichkeiten nur begrenzt ausnutzt, im Allgemeinen gut zurechtkommt. Was man bei anderen neumodischen Apparaturen dagegen nicht behaupten kann. Die kompliziertesten sind für mich die blöden Fahrkartenautomaten auf den Bahnhöfen. Erst letzte Woche war ich wieder gezwungen, mich mit so einem Teil herumzuschlagen. Weil der Schalter in der Bahnhofshalle geschlossen war. Da muss man zuerst mal einen

Tarif auswählen, was sich einfach anhört, aber für jemanden, der sich mit den verschiedenen Varianten nicht auskennt, eine ganz schöne Herausforderung darstellt, zumal, wenn man zwar eine Bahncard besitzt, in seiner Aufregung aber nicht mehr weiß, welche. Nachdem man das endlich erledigt hat, muss man angeben, wohin man will. Wenn man Glück hat, findet man sein Ziel in einer Liste und muss es nur noch anklicken, wenn nicht, muss man es Buchstabe für Buchstabe eintippen. Wobei man sich zuverlässig mehrfach vertut. So ist es mir schon mal passiert, dass ich nach Bernau am Chiemsee wollte und versehentlich Bernau bei Berlin eingetippt habe. Das habe ich zum Glück im letzten Moment bemerkt und fing also noch mal von vorne an. Aber auch wenn einem ein solches Missgeschick erspart bleibt, hat sich hinter einem schon bald eine Menschenschlange gebildet, was die Sache nicht einfacher macht. Dann soll man entscheiden, ob man nur hin- oder auch wieder zurückfahren will, und muss unter Umständen unter mehreren möglichen Fahrtrouten wählen. Auch das kann einen vor massive Probleme stellen, wenn einem die verschiedenen Strecken nämlich nichts sagen. Aber da kann man sich ja helfen, indem man einfach die billigste Variante auswählt. Dann muss man noch eingeben, ob man allein oder zu mehreren fährt, sodass sich möglicherweise eine Gruppenkarte anbietet, und ob bis zur Rückfahrt voraussichtlich einige Zeit vergeht, sodass man die Gültigkeitsdauer verändern muss. Wenn man das alles hinbekommen hat, gilt es am Ende noch zu entscheiden, wie man bezahlen will: mit Geldscheinen, Münzen oder per EC-Karte. Dann ist man endlich fertig, und wenn man Glück hat, kommt sogar die richtige Fahrkarte raus.

Am Fahrkartenschalter geht's allerdings oft auch nicht schneller. Mit dem Unterschied, dass man dort wenigstens einen Gesprächspartner hat, der sich auskennt. Was waren das noch für Zeiten, als man einfach nur »Rückfahrkarte Frankfurt« verlangen musste und nicht mal eine Minute später ein Pappkärtchen mit dem entsprechenden Aufdruck in der Hand hielt, das man dann nur noch – eigentlich immer mit Bargeld – bezahlen musste. Heute dagegen wird man zuerst nach einer möglichen Bahncard gefragt, dann soll man angeben, wann man wieder zurückzukommen gedenkt, und zwar ganz präzise, nicht nur an welchem Tag, sondern exakt mit welchem Zug. Dann ob man Teil einer Gruppe ist und die Planung nicht vielleicht so ändern möchte, dass das rosarote Wochenendarrangement greift. Ob man eine Reservierung wünscht und, falls ja, Großraum- oder Abteilwagen, Fenster oder Gang, mit Mitteltisch oder ohne, in Fahrtrichtung oder dagegen, ob man vielleicht ein Fahrrad mitnehmen möchte oder einen Hund und, falls ja, welcher Rasse und welchen Geschlechts. Doch damit nicht genug, denn bei einer der möglichen Streckenvarianten hat man zum Umsteigen vielleicht nur zwei Minuten Zeit, was speziell für ältere Menschen wie mich erfahrungsgemäß nie und nimmer ausreicht. Entscheidet man sich aber für eine Ausweichroute, ist möglicherweise nur noch ein Platz in der Mitte frei, und außerdem ist dies die erheblich teurere Variante. Hat man sich schließlich nach langem Hin und Her auf eine der zahlreichen Möglichkeiten festgelegt, bringt die Frau am Schalter vielleicht die Donnerstag-hin-Montag-zurück-Alternative ins Spiel, die, vor allem wenn man mit über 80-Jährigen unterwegs ist, völlig neue Sparmöglichkeiten eröffnet.

Beim Stichwort »Hund und Bahnfahren« muss ich unwillkürlich an eine Begebenheit denken, die wohl an die 20 Jahre zurückliegt. Damals wollte ich zusammen mit drei Freunden und meinem Jagdhund Sina eine dreitägige Wanderung durch die Rhön unternehmen. Eine Nachbarin, der ich von meinen Plänen erzählte, meinte, da gebe es ihres Wissens eine Gruppenfahrkarte für fünf Personen, das sei für uns doch genau das Richtige.

So ging ich denn tags darauf zum Bahnhof, um mir beziehungsweise uns einen entsprechenden Fahrschein zu kaufen. Aber der Schalter war mal wieder geschlossen, und von den beiden Automaten auf dem Bahnsteig war einer defekt. Mit der Folge, dass sich vor dem anderen eine Schlange von etwa fünf, sechs Wartenden gebildet hatte. Sofort bekam ich Bauchweh, denn ich kannte meine Fähigkeiten im Umgang mit diesen Geräten und wusste, dass es eine Weile dauern würde, bis ich das gewünschte Gruppenticket in meinen Händen halten würde. So war es dann auch. Das Gemurmel und Gebrumme hinter mir wurde immer lauter, und vereinzelt waren schon unfreundliche Rufe zu hören, während ich verzweifelt bemüht war, jeweils zur richtigen Zeit die richtigen Tasten zu drücken. Was mir natürlich mehrfach misslang, sodass ich gezwungen war, von vorne anzufangen. Inzwischen musste die Warteschlange hinter mir eine beträchtliche Länge erreicht haben, was ich allerdings nicht überprüfte, weil ich mich nicht umzudrehen traute. Doch irgendwann hatte ich es dann tatsächlich geschafft und zog das begehrte Papier aus dem Ausgabeschlitz.

Vor Aufregung zitterte ich am ganzen Körper, und das legte sich auch nur bedingt, als wir vier mit dem Hund endlich im Zug saßen. Vielmehr war ich, wie man so sagt, noch immer stinksauer, und derjenige, der meinen Zorn auszubaden hatte, war dann der arme Schaffner, obwohl der ja an der Misere mit den Fahrkartenautomaten nicht die geringste Schuld trug.

Jedenfalls fragte er, als er unser Abteil betreten hatte, geschäftsmäßig: »Und was ist mit dem Hund?«

»Was soll mit dem sein?«, gab ich in herausforderndem Ton und sicher viel lauter als erforderlich zurück. Noch immer brodelte es in mir. »Wir haben eine Fahrkarte für fünf, und der Hund ist der Fünfte.«

Der Schaffner schüttelte den Kopf. »Das geht leider nicht. Sie haben ein Gruppenticket für maximal fünf Menschen, und ein Hund ist nun mal kein Mensch, der muss extra zahlen.«

»Und wie viel?«, fragte ich streitlustig.

»So viel wie ein Kind.«

»Ein Hund gilt also als Kind?«

Er nickte. »So ist es.«

Doch so schnell gab ich nicht auf. »Dann hat er aber auch Anspruch auf einen Sitzplatz. Oder müssen bei der Deutschen Bahn Kinder auf dem Boden hocken?«

Der arme Mann verdrehte die Augen, blieb aber noch immer erstaunlich ruhig. »Natürlich nicht. Aber ein Hund ist nun mal kein Kind.«

Wütend funkelte ich ihn an. Dass meine drei besorgten Begleiter, wie sie mir später erzählten, mehrfach versuchten, beruhigend auf mich einzuwirken, bekam ich in meinem Zorn gar nicht mit.

»Gerade haben Sie aber noch das Gegenteil behauptet.«

Er schüttelte den Kopf. »Ich habe nur gesagt, dass der Hund tarifmäßig wie ein Kind zu behandeln ist.« Er blickte mir direkt in die Augen. »Tarifmäßig, haben Sie das kapiert?«

Das hatte ich natürlich, aber so schnell wollte ich mich nicht geschlagen geben. »Und wenn ich für uns fünf, ich meine inklusive Hund, Platzkarten gebucht hätte, dürfte er dann neben mir sitzen?«

»Wissen Sie was«, versuchte der Schaffner die Debatte zu beenden. »Entweder Sie bezahlen jetzt den Fahrpreis für ein Kind, oder Sie verlassen an der nächsten Station den Zug. Verstanden?«

»Kann ich mir dann im Gegenzug die Kosten für den nicht in Anspruch genommenen Sitzplatz ...?« Weiter kam ich nicht, denn in dem Moment packte mich Wanderfreund Helmuth resolut an der Jacke, zog mich auf den freien Platz neben sich und bezahlte wortlos den geforderten Betrag.

Mit einem gemurmelten »Na, endlich« drehte sich der Schaffner um, warf mir über die Schultern noch einen bitterbösen Blick zu und war im nächsten Moment verschwunden.

Und meine Kameraden? Ich hatte eigentlich erwartet, dass sie mir vergnügt lachend um den Hals fallen würden, doch weit gefehlt. Alle drei schüttelten sie die Köpfe, und bis zu unserer Ankunft am Zielbahnhof schwiegen wir uns gegenseitig an.

Doch zurück zum ganz normalen Bahnfahr-Irrsinn. Der ist nämlich mit dem Erwerb eines gültigen Tickets noch längst nicht beendet. Vielmehr beginnt mit dem Losfahren – das ja auch oft alles andere als fahrplanmäßig erfolgt – das permanente Auf-die-Uhr-Schauen und Rechnen, ob man wohl noch eine realistische Chance hat, den geplanten Anschlusszug zu erreichen. Die schlimmste Zeitspanne ist die, in der die Möglichkeit, dass es klappen könnte, theoretisch noch besteht, obwohl es voraussichtlich sehr knapp wird. Dann zappelt man schon nervös, wenn der Zug in einer Kurve ein bisschen langsamer wird oder gar vor einem Signal warten muss. Da ist man fast erleichtert, wenn die Verspätung so groß geworden ist, dass man komplett umplanen muss. Mit der Konsequenz, dass der ganze mühsam ausgeklügelte Reiseplan nur noch Makulatur ist. Denn der Tisch in Fahrtrichtung ist weg, und im Großraumwagen ist ohnehin kein Platz mehr. Und so weiter und so fort.

So weit zum Bahnfahren, das ja hierzulande einen wahrhaft miserablen Ruf genießt. Weshalb Ella und ich, wann immer es geht, darauf verzichten. Zum Glück macht mir Autofahren, zumindest außerhalb von unbekannten Großstädten, bislang noch nichts aus, zumal wir es ja nicht eilig haben. Bei längeren Strecken lieben wir es regelrecht, reichlich Pausen einzulegen – vorzugsweise an belebten Raststätten, wo man so schön die Leute beobachten und über sie lästern kann.

Doch es gibt natürlich auch etliche technische Entwicklungen, die das Leben im Gegensatz zu früher keineswegs komplizierter, sondern deutlich einfacher gemacht haben. Denken Sie nur ans Fotografieren. Das hat mir mein Vater früher mit einer Kleinbildkamera beigebracht. Obwohl die technisch bestimmt nicht übermäßig anspruchsvoll war, musste man doch vor jeder Aufnahme Blende und Verschlusszeit einstellen, wozu man idealerweise einen separaten Belichtungsmesser verwendete. Und es war zwingend erforderlich, dass man mit den Werten auch etwas anfangen konnte, dass man die Zusammenhänge verstand und einem Begriffe wie Tiefenschärfe und Blitzleitzahl etwas sagten. Schließlich musste man sich ja für die jeweils geeignete Blende entscheiden und diesem Wert die passende Verschlusszeit zuordnen. Oder umgekehrt. Dann war noch scharf zu stellen, und erst danach konnte man knipsen. Schnelle Schnappschüsse waren da kaum möglich. Zudem konnte man das Ergebnis seiner Bemühungen nicht einmal sofort beurteilen, weil man dazu den Film erst zum Entwickeln bringen musste. Und wenn man schließlich die Abzüge im Fotogeschäft abholte, empfahl es sich, sich vor dem Anschauen hinzusetzen. Denn mit Sicherheit waren darunter etliche, die man getrost in den Papierkorb werfen konnte: über- und unterbelichtete Bilder, unscharfe Aufnahmen und solche, auf denen den entscheidenden Personen die Köpfe fehlten, oder derart nichtssagende Landschaftsfotos, dass man auch nach langem Überlegen nicht sagen konnte, wo man sie aufgenommen hatte.

Heute dagegen besitzt jedes Handy eine Kamera, bei der man nur aufs Display schauen muss und dann sofort losknipsen kann. Und zwar ohne Hemmungen munter drauflos, weil man ja die Bilder, die einem nicht gefallen, ruckzuck wieder löschen kann. Die guten – sofern welche dabei sind – behält man und hat so immer ein Fotoalbum mit einer Menge Aufnahmen bei sich, die man jederzeit herzeigen kann.

Doch die simple Smartphone-Fotografiererei hat natürlich ihre Grenzen. Will man dagegen anspruchsvolle Bilder mit allem Pipapo, mit perfekter Bildgestaltung, Tiefenschärfe und Belichtung machen, sieht die Sache ganz anders aus. Dann braucht man unbedingt eine moderne Systemkamera mit Wechselobjektiven, die nicht nur sauteuer ist, sondern zu ihrer Bedienung fast so etwas wie ein Studium verlangt. Unser Nachbar hat sich erst letztes Jahr so ein Teil zugelegt und uns voller Stolz vorgeführt, was man damit alles machen kann. Das ist schon faszinierend. Aber der ist begeisterter Hobbyfotograf und hat meines Wissens sogar schon Bilder in irgendwelchen Zeitschriften veröffentlicht. Da mag sich die Anschaffung vielleicht lohnen. Unsereinen verwirrt so ein Teil nur, was man allein schon an der Betriebsanleitung erkennt, die locker 500 Seiten und mehr umfassen kann. Da hat man doch, wenn man auf Seite 120 ist, das, was man bisher gelesen hat, schon längst wieder vergessen.

Der größte Vorteil einer solchen Kamera ist unserem Nachbarn zufolge aber, dass man schon vor dem Auslösen auf dem Display erkennt, wie sich die diversen Einstellmöglichkeiten auf das Foto auswirken. Man kann also, wenn es nicht gerade um einen Schnappschuss geht, geduldig rumprobieren, bis man mit dem Ergebnis zufrieden ist, und erst dann auslösen. Und wenn das Bild am Ende immer noch nicht so ist, wie man es sich vorgestellt hat, gibt es heutzutage ja grandiose Bildbearbeitungsprogramme. Mit denen kann man, sofern man sich damit auskennt, aus einem weißen ein schwarzes Pferd und aus einem heulenden ein fröhlich lachendes Kind machen.

Bei den Stichworten »Systemkamera« und »Bildbearbeitungsprogramm« muss ich unwillkürlich an einen meiner zahlreichen Pläne für den Ruhestand denken. Denn als der langsam näher rückte, glaubte ich tatsächlich noch, mit derlei technischen Hilfsmitteln und ein bisschen Mühe aus einem missratenen Foto ein gutes machen zu können. Und war daher ganz zuversichtlich, dass mein Plan, mich intensiv mit der Makrofotografie, also der Ablichtung kleinster Motive und Strukturen zu beschäftigen, erfolgreich sein würde. Immerhin hatte ich aufmerksam mehrere Bücher zu dem Thema gelesen, glaubte also, genau zu wissen, worauf es dabei ankam. Besonders das Fotografieren von Insekten und dabei wieder speziell von Schmetterlingen hatte es mir angetan. Denn diese bunten Gesellen habe ich schon immer sehr gerne beobachtet, wie sie in unserem Garten von Blüte zu Blüte flatterten. Und mit der Zeit hatte ich mir auch ein durchaus beträchtliches Fachwissen über die einzelnen Arten und ihre spezielle Lebensweise angeeignet.

Doch als es dann mit dem Ruhestand so weit war, kümmerte ich mich zuerst eine ganze Weile intensiv um den lange Zeit vernachlässigten Garten, unternahm mit Ella etliche mehrtägige Reisen und las in der verbleibenden Zeit eine Reihe dicker Wälzer, an die ich mich vorher nicht rangetraut hatte. Kurz: Die Sache mit der Makrofotografie geriet in Vergessenheit. Erst Jahre später, als ich in einer Zeitschrift wirklich faszinierende Bilder von Spinnen, Käfern, Libellen und den geliebten Schmetterlingen sah, wurde der Wunsch in mir wieder wach, und ich beschloss, mich jetzt ernsthaft damit zu beschäftigen. Zum Glück besaß ich eine – wenn auch in die Jahre gekommene – Spiegelreflexkamera.

Mit der schlich ich eines Sommermorgens kurz nach fünf Uhr einen Schotterweg neben einer Wiese entlang, denn ich hatte gelernt, dass man Schmetterlinge am leichtesten fotografieren kann, wenn es früh am Tag und daher noch ziemlich kühl ist. Dann sind die Flattermänner angeblich noch zu träge, um bei jeder Störung sofort aufzufliegen. Also tat ich möglichst geräuschlos Schritt für Schritt, die Augen starr auf die Wiese nebenan gerichtet. Dabei übersah ich eine ausgedehnte Pfütze und tappte voll ins Wasser, wobei ich noch Glück hatte, bei dem Ausrutscher nicht kopfüber in den Schlamm zu stürzen oder meine Kamera darin zu versenken. Doch so schnell wollte ich natürlich nicht aufgeben, rappelte mich hoch und marschierte mit klatschnassen Füßen in total verdreckten Schuhen weiter.

Der Nachteil an dem kühlen Morgen war – das wurde mir schnell klar –, dass noch fest auf Pflanzen sitzende und nicht fröhlich durch die Luft taumelnde Falter kaum als solche erkennbar waren. So dauerte es mehr als eine halbe Stunde, bis mein Blick vielleicht 20 Meter von meinem Weg entfernt endlich auf ein Tagpfauenauge fiel, das die Flügel weit aufgeklappt hatte, um möglichst viel Sonnenwärme einzufangen. Als ich mich anschickte, den Weg zu verlassen, und zuvor noch einmal sicherheitshalber meine Ausrüstung überprüfte, klopfte mein Herz, als wäre ich auf dem Weg zu einem prickelnden Rendezvous. Und als ich dann schließlich in der hüfthohen Wiese stand, wurde mir bewusst, dass ich mit meinen zitternden Händen nicht den Hauch einer Chance haben würde, den Schmetterling scharf abzulichten. Also wartete ich, bis ich mich wieder beruhigt hatte. Als das endlich halbwegs der Fall war, bekam ich aus den Augenwinkeln gerade noch mit, wie sich der hübsche Falter graziös in die Luft erhob und davonflatterte.

Um es kurz zu machen: Diesem ersten Rückschlag folgten noch etliche weitere, wobei ich zweimal der Länge nach in einen Graben stürzte, einmal an einem verborgenen Stacheldraht hängen blieb und immer wieder aufs Neue in breiig-frische Kuhfladen trat. Mit jedem Misserfolg wurde die Zeit bis zum nächsten Versuch länger, und als ich mich schließlich einmal mehr durchnässt und frierend auf den Heimweh machte, sah ich es schweren Herzens ein: Für diesen Mist war ich wirklich zu alt.

Aber um noch mal auf die Bedienungsanleitungen zurückzukommen: Darüber kam neulich in *Marktcheck* ein aufschlussreicher Beitrag. Da haben sie speziell ältere Menschen gefragt, wie sie mit derlei Schriftstücken zurechtkommen und was sie daran gerne anders hätten. Mit Abstand am meisten wurden die unverständlichen Formulierungen sowie die vielen Fachausdrücke bemängelt. Außerdem, dass es an Abbildungen fehle, die dazu auch noch zu klein und für einen Nichtfachmann zu unverständlich seien. Das mit den vielen Fachbegriffen beklagen viele Senioren der Sendung zufolge auch bei den Beipackzetteln zu Medikamenten. Vieles könne man beim besten Willen nur verstehen, wenn man Medizin studiert habe.

Ich selbst habe da kaum Probleme, für die medizinische Fachterminologie hatte ich schon immer etwas übrig. Aber ich tue mich zunehmend schwer, winzige Dinge anzufassen. An manchen Tagen weniger, an anderen mehr. Hat mit Arthrose in den Fingergelenken zu tun. Am meisten Schwierigkeiten habe ich, einzelne Tabletten aus den heute üblichen Blistern zu drücken. Ein Problem, das ich mit den früher üblichen Röhrchen und Dosen nie hatte. Da musste man sich die einzelnen Pillen oder Dragees ja nur in die Hand fallen lassen. Ich weiß, dass Blister-Verpackungen hygienischer sind, aber alten Menschen, deren Finger nicht mehr so beweglich sind, tut man mit dieser Form der Verpackung keinen Gefallen. Zum Glück gibt es in Apotheken für solche Fälle spezielle Hilfsmittel: kostengünstige Geräte, mit denen man Tabletten und Kapseln ganz bequem aus Blistern rausdrücken kann. Seit ich mir so ein Teil angeschafft habe, sehe ich dem alltäglichen Arznei-Schlucken erheblich entspannter entgegen.

Wo wir gerade bei neumodischen Gerätschaften sind, muss ich natürlich unbedingt auch die immer populärer werdenden Staubsauger erwähnen. Diese flachen Roboter, die ganz allein auf dem Boden umherfahren. Mit so einem Ding ist einer Frau aus Korea neulich etwas wirklich Lustiges passiert – stand erst vor einigen Tagen in der Zeitung. Wobei ich mir nicht sicher bin, ob die arme Frau die Angelegenheit selbst auch so witzig fand. Die hat nämlich ein Nickerchen gemacht. Auf dem Fußboden. Scheint dort üblich zu sein. Dabei hat sie wohl vergessen, vorher ihren Saugroboter auszuschalten. Der kam ihr, während sie süß schlummerte, zu nahe, sog skrupellos ihre langen Haare ein und gab sie trotz aller Bemühungen nicht mehr frei. In ihrer Not rief sie schließlich den Rettungsdienst an, der sie aus ihrer misslichen Lage befreite.

Und noch von einem anderen heiteren Vorfall, bei dem auch wieder eine Frau die Leidtragende war, war in dem Fernsehbeitrag die Rede. Die Rentnerin hatte ihren Hund allein in der Wohnung gelassen und war dann später heimgekommen als geplant. Inzwischen hatte der Köter in eine Ecke des Wohnzimmers ein Häufchen gesetzt. Das hat die Frau, nachdem sie zurück war, in ihrer Hektik dummerweise nicht bemerkt und ist mit dem Hund Gassi gegangen. Vorher hat sie aber noch schnell den Staubsaugerroboter eingeschaltet. Und als sie nach dem Hundespaziergang wieder heimkam, rutschte sie fast aus: Der Roboter hatte nämlich immer wieder versucht, die Hinterlassenschaften des Tieres zu beseitigen, und die stinkende Masse dabei in der ganzen Wohnung verteilt. Pfui Teufel, kann man da nur sagen.

»Siehste«, habe ich nach der Sendung zu Ella gesagt, nachdem ich zu Ende gelacht hatte. »Jetzt weißt du auch, warum mir so ein Teil nicht ins Haus kommt.«

»Aber wir haben doch gar keinen Hund«, hat sie erwidert und sich dabei eine Träne aus den Augen gewischt. »Und auf dem Boden schlafen wir auch nicht.«

»Mag sein«, habe ich zugegeben. »Aber wer weiß, was mit so einem neumodischen Schnickschnack noch alles passieren kann. Müssen wir das unbedingt ausprobieren?«

Damit habe ich ihr den Arm um die Schulter gelegt, sie an mich herangezogen und sie auf die Nase geküsst. Und da unsere treue Jagdhündin Sina schon etliche Jahre nicht mehr lebt, mussten wir auch nicht damit rechnen, irgendwo auf ihre – frischen oder verschmierten – Hinterlassenschaften zu stoßen. Wobei das Risiko bei einem Jagdhund wohl eher darin bestanden hätte, dass er in dem umherwuselnden Saugroboter eine unbekannte Beute gesehen, diese mit einem beherzten Biss zur Ruhe gebracht und dann stolz apportiert hätte.

Telefonieren einst und jetzt

Vor Kurzem bin ich in der Tankstelle zufällig mit einem Bekannten ins Gespräch gekommen, der sich, wie ich schon früher einmal bemerkt hatte, sehr gut mit Telefon- und Internetanbietern, neudeutsch »Provider« genannt, auskennt. Der hat mir erklärt, mein Handytarif sei viel zu teuer, und ich sei daher gut beraten, ihn umgehend zu wechseln. Also habe ich bei der Betreibergesellschaft angerufen, um eine Umstellung vornehmen zu lassen. Das erwies sich jedoch alles andere als einfach. Zwar musste ich nicht mehr wie früher vorher mühsam in irgendeinem Telefonbuch blättern oder gar die Auskunft anrufen, sondern fand die Nummer in Nullkommanichts auf der entsprechenden Internetseite, doch nachdem ich sie gewählt hatte, war ich keineswegs am Ziel, vielmehr ertönte eine sympathische Frauenstimme: »Wenn Sie gewerblicher Kunde sind, drücken Sie bitte die Eins, sind Sie Privatkunde, drücken Sie bitte die Zwei.« Ich entschied mich für die Zwei, woraufhin die Stimme fortfuhr: »Haben Sie eine Frage zu unseren Produkten, drücken Sie bitte die Eins, bei Fragen zu einem laufenden Vertrag drücken Sie bitte die Zwei, bei Fragen zu Ihrer Rechnung drücken Sie bitte die Drei.« Das war knifflig. Ich hatte mich beim Vertragsabschluss für die Einjahresvariante entschieden und wusste jetzt nicht, ob mein Anliegen eher unter die Zwei oder die Drei fiel. Ich entschied mich für die Zwei und bekam gleich darauf die Aufforderung: »Handelt es sich um einen Festnetzvertrag, drücken Sie bitte die Eins, geht es dagegen um einen Mobilfunkvertrag, drücken Sie bitte die Zwei.«

Das war einfach, also tippte ich auf die Zwei und rechnete insgeheim damit, dass ich jetzt per Tastendruck zwischen einem Gesprächspartner oder einer Gesprächspartnerin wählen sollte. Doch weit gefehlt. Vielmehr bat mich die nette Frauenstimme, bei einem schon länger bestehenden Vertrag bitte die Eins, bei einem erst kürzlich geschlossenen dagegen die Zwei zu drücken. So ging das noch eine Weile weiter, dann teilte mir die Dame mit, mein Anruf würde zu Schulungszwecken aufgezeichnet, und falls ich das nicht wünsche, solle ich das gleich zu Beginn der Gespräches sagen oder wahlweise die Vier drücken. Das nahm ich zur Kenntnis und entschied, gegen den Mitschnitt keine Einwände zu erheben. Was indes nicht mehr von Bedeutung war, denn jetzt bedauerte die gute Frau auf einmal, momentan seien leider alle Mitarbeiter und Mitarbeiterinnen im Gespräch, weshalb ich mit einer mindestens halbstündigen Wartezeit zu rechnen hätte. Sollte ich das nicht wollen, möge ich doch bitte später noch einmal anrufen. »Vielen Dank und auf Wiederhören.«

Zähneknirschend legte ich auf. Hätte man mir das nicht gleich sagen können, statt mich mit immer neuen Drück-Aufforderungen zu nerven? In der Folge versuchte ich mein Glück noch mehrmals, aber bedauerlicherweise stets mit demselben Resultat. Erst als ich es zwei Tage später um halb sechs Uhr morgens probierte, hatte ich Erfolg und endlich, endlich eine Mitarbeiterin an der Strippe. Die erwies sich als für die frühe Stunde erstaunlich wach und kompetent, und zwei Minuten später hatte ich meinen Vertrag in einen kostenmäßig vorteilhafteren umgewandelt.

»Puuuh«, entrang sich mir ein erleichterter Seufzer. Seither habe ich mich sehr bemüht, einer weiteren Begegnung mit meinem sachkundigen Bekannten und seinen Empfehlungen aus dem Weg zu gehen. Lieber bezahle ich für mein Handy ein bisschen mehr, als mir den ganzen Umstellungs- und vor allem Telefonstress noch einmal anzutun. Für so einen Mist fühle ich mich wirklich zu alt. Mittlerweile bin ich sogar davon überzeugt, dass die Telekommunikationsfirmen den Zugang zu ihren Mitarbeitern und Mitarbeiterinnen ganz bewusst so kompliziert gestalten, um Wünschen nach billigeren Tarifen von vornherein den Wind aus den Segeln zu nehmen.

Eine Woche später wurde mir jedoch klar, dass sich die Reaktion auf meinen Provider-Anruf in puncto Unfreundlichkeit einem Kunden gegenüber durchaus noch toppen ließ. Da wollte ich nämlich bei einer Versandbuchhandlung anrufen, die mir auf meine Onlinebestellung hin einen falschen Artikel geliefert hatte. Wieder griff ich zum Telefon, freute mich aber zu früh, als ich mich diesmal nicht zwischen Eins, Zwei oder Drei entscheiden musste. Stattdessen erklärte mir eine ebenfalls sehr sympathisch klingende Frauenstimme – ich stelle mir bei solchen Telefonaten immer ganz automatisch vor, wie die zugehörige Dame wohl aussehen mag –, ich müsse mich leider etwas gedulden, bis eine Mitarbeiterin frei sei, dann käme ich aber sofort an die Reihe. Anschließend ertönte eine einschmeichelnde Melodie, die gefühlt jede Minute von der Bitte um noch ein bisschen Geduld unterbrochen wurde. Von dem versprochenen Sofort-Drankommen konnte jedenfalls keine Rede sein, und als ich nach einer Dreiviertelstunde noch immer in der Warteschleife hing, bereitete ich dem unwürdigen Theater zwar zähneknirschend und mit Schweiß auf der Stirn, aber doch freiwillig ein Ende. So etwas ärgert mich genauso wie die Aufforderung einer Mitarbeiterin in einer Arztpraxis, bitte »noch kurz« oder »einen Moment« im Wartezimmer Platz zu nehmen, wenn sie doch genau weiß, dass es noch eine Stunde oder länger dauern wird, bis man endlich drankommt.

Ein weiteres Telefon-Ärgernis: Ich rufe von unserem Festnetztelefon aus Tochter Kerstin an, die mich nach einem längeren Gespräch an Enkel Noah weiterreicht. Auch mit dem quatsche ich eine Weile, dann verabschiede ich mich und lege auf. Etwa eine halbe Stunde später ruft Schwiegertochter Julia an und fragt, wo wir denn so lange gewesen seien.

»Zu Hause«, antworte ich wahrheitsgemäß, woraufhin sie hörbar erstaunt fragt: »Und warum geht dann niemand ans Telefon?«

Ich berichte ihr von meinen Gesprächen mit Kerstin und Noah, und dabei wird uns allmählich klar, dass Julia das deswegen nicht ahnen konnte, weil bei ihr kein Besetztzeichen zu hören war. So oder so ähnlich haben Ella und ich das nun schon mehrfach erlebt. Das gute alte »Tüt … tüt … tüt« in schneller Folge gibt es anscheinend nicht mehr, sodass der Anrufer tatsächlich den Eindruck haben muss, es sei niemand zu Hause. Mittlerweile hat mir Sven zwar erklärt, das Besetztzeichen lasse sich durch irgendwelche Manipulationen am Telefon aktivieren, aber das scheint mir ziemlich kompliziert zu sein, und bis Sven irgendwann mal Zeit für die nötigen Verrichtungen hat, können Anrufer, die uns sprechen wollen, eben nicht klanglich unterscheiden, ob wir nur gerade telefonieren oder nicht zu Hause sind. Eines steht jedenfalls fest: Früher hatten wir derlei Probleme nicht.

Wenn dann aber mal ein Gespräch zu uns durchkommt – was bei unseren wenigen Telefonaten zugegebenermaßen sehr wahrscheinlich ist –, kann einem das passieren, was ich vor einiger Zeit erlebt habe. Da rief nämlich die Polizei bei uns an, in Form einer Kommissarin namens Siegel oder Ziegler, so genau habe ich das nicht verstanden. Zuerst dachte ich wirklich, die wolle uns einen Gefallen tun, indem sie uns vor einer Einbrecherbande warnte, die angeblich in unserer Gegend ihr Unwesen trieb und es abgehörten Gesprächen zufolge auch auf unser Geld und vor allem Ellas Schmuck abgesehen hatte. Doch dann unterbrach ich die Frau gnadenlos, denn zum Glück hatten Ella und ich erst am Vorabend eine *XY-ungelöst*-Sendung verfolgt, in der unter anderem vor derlei Anrufen und denjenigen angeblicher Bankmitarbeiter gewarnt worden war. Genauer gesagt nicht vor den Anrufen selbst, sondern vor irgendwelchen Forderungen nach Geld oder Wertsachen, die dabei erhoben würden. Und siehe da: Als ich die angebliche Kriminalkommissarin fragte, von wo sie denn bitte anrufe, und sie erwiderte: »Vom Polizeipräsidium«, erklärte ich ihr, ich würde sie gleich zurückrufen. Was ich natürlich nicht tat, denn nachdem ich die echte Polizei über den Anruf informiert und zu hören bekommen hatte: »Damit sind Sie heute schon der Sechste«, war die Angelegenheit für mich erledigt. Im Nachhinein ärgert es mich, dass ich mich nicht zum Schein auf die Sache eingelassen und die Polizei erst informiert habe, nachdem Ort und Zeitpunkt der Geld- und Wertsachenübergabe vereinbart worden waren. Dann hätte vielleicht zumindest der Abholer verhaftet werden können.

Vor derlei Tricks und Betrügereien wird doch wirklich ständig in Zeitung, Radio und Fernsehen gewarnt. Darum verstehe ich nicht, wieso immer wieder Mitbürger darauf hereinfallen und ohne jegliches Misstrauen ihnen vollkommen unbekannten Personen Geld und Schmuck aushändigen. Ich bin ja selbst nicht mehr der Jüngste, aber ich glaube, so gut kenne ich meine Angehörigen noch, dass ich mich selbst im Stress nicht von wildfremden Menschen derart hinters

Licht führen ließe. Und das selbst dann nicht, wenn diese, wie bereits erwähnt, mit vom Original kaum mehr zu unterscheidender Stimme sprächen. Es kostet doch wirklich keine Mühe, die angeblich in Not geratene Tochter oder sonstige Verwandte kurz anzurufen, um die Sachlage zu klären.

Was mich dagegen immer wieder aufs Neue erfreut, sind Anrufe ominöser Firmen, die mir irgendeinen Mist aufschwatzen wollen. Merkwürdigerweise ist bei uns fast immer Ella Ziel einer solchen Kontaktaufnahme. Falls auch Sie häufiger durch derlei Telefonate belästigt werden, nachfolgend ein paar Tipps, die eine Menge Spaß garantieren.

Anrufer (oft mit ausländischem Akzent, aber stets sehr höflich): »Einen wunderschönen guten Tag. Mein Name ist XY von der Firma YZ. Kann ich bitte Frau Ella Sowieso sprechen?«

Sie, sofern Sie ein Mann sind: »Am Apparat.«

Anrufer (hörbar verwirrt): »Ich wollte eigentlich Frau Sowieso sprechen.«

Sie: »Ja, das habe ich schon verstanden. Womit kann ich Ihnen helfen?«

Anrufer: »Sie klingen eher wie ein Mann.«

Sie: »Na ja, ich bin Hermaphrodit.«

Anrufer: »Sie sind was?«

Sie: »Hermaphrodit. Zu Deutsch: Zwitter. Ich kann auch ganz hoch sprechen.« Dann flöten Sie in der Stimmlage eines Dreijährigen. »Gefällt es Ihnen so besser?«

Sie können sich darauf verlassen, dass der Anrufer spätestens jetzt entnervt auflegt.

Oder:

Anrufer: »Einen wunderschönen Tag. Mein Name ist XY von der Firma YZ. Kann ich bitte Frau Ella Sowieso sprechen?«

Sie: »Gerne. Ich weiß bloß nicht, wo die gerade ist. Wahrscheinlich beim Mäusefangen.«

Anrufer (nach verwirrter Pause): »Wie bitte?«

Sie: »Ja, das macht Ella immer wieder mit großer Begeisterung.«

Anrufer (falls noch immer am Apparat): »Mäuse fangen?«

Sie: »Genau. Sie wissen schon, dass Ella eine Katze ist? Genauer gesagt, eine Bengalische Rattenwürgerin. Die macht mit Mäusen kurzen Prozess. Aber warten Sie, da kommt sie gerade.«

Dann schieben Sie noch ein gekonntes »Miau« hinterher und sind den lästigen Anrufer garantiert los.

Als Senior vor der Glotze

Die modernen Flachbildfernseher sind den klobigen Geräten meiner Kindheit und Jugend in allen Belangen meilenweit voraus, daran gibt es keinen Zweifel. Doch es gibt Anlässe, da verfluche ich die Dinger. Das ist vor allem der Fall, wenn Ella und ich – vorzugsweise während einiger Urlaubstage – mal in einem Hotel übernachten. Da wären mir manchmal sogar altmodische Apparate mit einem Drehknopf lieber, bei denen man die Programmauswahl nicht mittels Fernbedienung vornehmen muss. Denn der Umgang mit diesen schwarzen Geräten mit ihren vielen Knöpfen bringt mich bisweilen echt zur Verzweiflung, so unterschiedlich sind die diversen Ausführungen. Manche haben so kleine Tasten, dass ich sie mit meinen steifen Fingern erst beim dritten, vierten Versuch treffe, bei manchen sind die Zifferntasten oben, bei anderen unten, dasselbe gilt auch für andere Einstellhilfen wie etwa die Ton-aus-Taste, manche begnügen sich mit dem Allernötigsten, andere bieten Zusatzfunktionen für bestimmte Extraprogramme wie Youtube, Prime Video oder Netflix und so weiter und so fort. Wenn wir da die abendliche *Tagesschau* sehen wollen, muss ich spätestens um halb acht anfangen, den Sender zu suchen. Dann bin ich mit den Einstellungen, sofern ich Glück habe, vielleicht rechtzeitig fertig. Man sollte doch erwarten, dass speziell dort, wo viele verschiedene Menschen mit unterschiedlichen technischen Verständnissen und vor allem unterschiedlichen Alters die Geräte bedienen, diese möglichst einfach und selbsterklärend gestaltet sind – aber das ist allenfalls ein frommer Wunsch.

Dasselbe gilt für Wasch- und Duscharmaturen. Da kann einem, wenn man splitternackt in der Wanne steht und es ewig nicht schafft, halbwegs erträglich temperiertes Wasser zum Laufen zu bringen, die Lust vergehen. Futuristisch gestaltete Dreh-Hebel-Schwenk-Kombinationen mögen ja toll aussehen, praktisch sind sie jedoch oft nicht die Spur. Und wenn ich bei meiner Morgentoilette nach langem Probieren endlich den Bogen raushabe, habe ich das verflixte Prozedere bis zum Abend oft schon wieder vergessen.

Doch bleiben wir beim Fernsehen. Da muss ich nicht nur ein weiteres Mal die im Vergleich zu früher enorm gestiegene Bildqualität positiv hervorheben, auch die Mediathek – den Tipp verdanken wir unseren Enkeln Noah und Niklas – ist eine ganz feine Sache. Zwar ertappen sowohl Ella als auch ich uns immer noch dabei, dass wir uns bei der Einschaltzeit einer Sendung penibel nach der Fernsehzeitschrift richten, aber so ganz allmählich verinnerlichen wir, dass das heutzutage nicht mehr erforderlich ist, da wir ein Programm, das uns interessiert, ja problemlos dann anschauen können, wenn wir gerade Zeit haben, oder, falls wir vielleicht nur eine Viertelstunde zu spät eingeschaltet haben, von Beginn an laufen lassen können. Das ist vor allem bei Serien, die uns gefallen, ein enormer Vorteil. Denn von denen wollen wir auf keinen Fall eine Folge verpassen.

Apropos Serien: Da gibt es ja mittlerweile jede Menge, insbesondere bei speziellen Anbietern, die man neudeutsch »Streaming-Dienste« nennt. Zusammen mit der Mediathek der verschiedenen Fernsehsender bieten sie eine derartige Fülle an Einzelfilmen und Serien, dass es praktisch unmöglich ist, auch nur die Hälfte davon zu sehen.

Wenden wir uns also dem Fernsehangebot zu, das aus den diversen Programmzeitschriften ersichtlich ist. Dazu muss ich gleich einschränkend anmerken, dass Ella und ich nur sehr selten Privatsender schauen, weil uns die ausufernde Werbung schwer auf die Nerven geht. Kämen nur hin und wieder zwei, drei Spots, würden wir ja nichts sagen, aber viele Reklame-Unterbrechungen sind mittlerweile so umfangreich geworden, dass ich manchmal den Eindruck habe, sie dauern länger als die eigentliche Sendung. Wobei sie sich zu allem Überfluss auch noch immerzu wiederholen. Aber wem's gefällt – bitte schön.

Ella und ich schauen uns abends gern mal einen Spielfilm an. In der Regel aus der Mediathek, da es im aktuellen Fernsehprogramm sehr schwierig ist, etwas Ansprechendes zu finden, das kein Krimi ist. Denn die Fernsehkrimis sind für unseren Geschmack oft derart brutal und blutgetränkt, dass Ella danach oft nur schlecht schlafen kann. Ich erinnere mich noch mit Vergnügen an die Folgen von *Stahlnetz*, die ich in meiner Jugend gesehen habe. Wenn die im Fernsehen kamen, waren – ebenso wie bei den Durbridge-Krimis – die Straßen oft wie leer gefegt. Und das, obwohl sie in meiner Erinnerung nicht halb so gruselig wie ihre heutigen Pendants und dennoch hochspannend waren. Aber inzwischen gibt es ja keine Verbrechergeschichte mehr, die nicht so oder so ähnlich schon x-mal erzählt worden ist, und auch keinen noch so schrulligen Kriminalkommissar, der nicht ein charakterlich oder bezüglich seiner prekären familiären Situation fast identisches Vorbild hat. Ich möchte heutzutage jedenfalls kein Drehbuchautor sein. Denn wenn der wirklich einmal etwas Neues, bisher nicht Dagewesenes schreiben will, werden Handlung und Protagonisten zwangsläufig derart unrealistisch, um nicht zu sagen skurril, dass man darüber nur den Kopf schütteln oder lauthals lachen kann.

Nach längerem Suchen und Diskutieren haben wir uns schließlich für einen Film entschieden, in dem es laut Kurzvorschautext um die Geschichte einer jungen Frau mit genetisch bedingtem Muskelschwund geht, die ungewollt schwanger wird und allein mit ihrem Kind zurechtkommen muss, weil dessen Erzeuger sie schnöde verlassen hat.

Der Film beginnt, aber schon in einer der ersten Szenen fragt Ella mich, wie so oft: »Was hat sie gesagt?«

»Hab' ich auch nicht verstanden«, antworte ich – ebenfalls wie so oft.

Kurz darauf das umgekehrte Spiel. Die genuschelten Worte eines Schauspielers klingen für mich etwa wie »Snssara Müddrra kannes luku stela …«.

Ein fragender Blick zu meiner Frau, aber auch die runzelt die Stirn. »Wieder kein Wort verstanden.«

Klar, unsere Ohren sind altersbedingt nicht mehr mit denen von Luchsen zu vergleichen, aber im normalen Alltagsleben haben wir beide eigentlich kaum Probleme, die Menschen um uns herum zu verstehen. Nur beim Fernsehen klappt das nicht. Weil die Akteure nicht nur sehr undeutlich, sondern oft auch viel zu schnell sprechen. Tatsächlich habe ich vor gar nicht langer Zeit eine Studie zum Thema »Senioren und moderne Medien« gelesen, in der viele ältere Menschen genau das als überaus störend bemängeln.

Ella und ich helfen uns, indem wir die Lautstärke aufdrehen. Zum Glück sind bei uns im Haus die Wände nicht besonders hellhörig, die Gefahr, unsere Nachbarn zu belästigen, ist also eher gering. Und tatsächlich entgeht uns nun weit weniger von dem, was die Akteure in dem Film von sich geben. Doch dann sind sie plötzlich still, dafür ertönt Musik in einer derartigen Lautstärke, dass ich erschrocken nach der Fernbedienung greife und den Ton massiv drossle. Das hilft sofort, hat aber – man kann es sich schon denken – den entscheidenden Nachteil, dass nun wieder das Gesprochene zu einem unverständlichen Gebrabbel wird. Da fragt man sich schon: Gibt es denn heute für Schauspieler keine phonetische Ausbildung mehr? Lernen die nicht mehr, sauber zu artikulieren? Ich habe mal einen Bericht über eine Schauspielschule gesehen, in der die Schüler selbst Geflüstertes so von sich geben mussten, dass man es im Theater auch noch in der letzten Reihe verstehen konnte. Eine derartige Ausbildung haben die Darsteller in unserem Film ganz offensichtlich nicht genossen. Immerhin ist es uns bei weit aufgedrehter Lautstärke möglich, der Handlung halbwegs zu folgen. Was allerdings ohne das Risiko bleibender Hörschäden nur bis zur nächsten Musik zutrifft. Sind die heutigen Filmemacher denn nicht in der Lage, Gesprochenes und Musik lautstärkemäßig so aufeinander abzustimmen, dass kein ständiges Herumfummeln an der Fernbedienung erforderlich ist?

Bei vielen Dokumentationsfilmen frage ich mich ohnehin, was die Begleitmusik soll. Sie trägt kein bisschen zum Erkenntnisgewinn bei, sondern stört im Grunde nur. Allenfalls wenn sie ganz leise im Hintergrund dudelt oder in einem thematischen Zusammenhang mit der Handlung steht, vermag ich in ihr einen Sinn zu erkennen. Zumal viele der Filmschaffenden, die für derartige Töne verantwortlich sind, offenbar einen höchst eigenwilligen Geschmack haben. Besonders scheinen sie schräge Tonfolgen zu lieben, die sich permanent wiederholen. Ich habe den Fernseher schon mitten in wirklich interessanten Filmen abgeschaltet, nur weil mich die Musik dermaßen genervt hat.

Und noch etwas stört Ella und mich an vielen heutigen Fernsehfilmen ganz massiv: der oft höchst verwirrende Beginn. Das fängt etwa mit einem Flugzeug im Landeanflug an, darauf folgen in Sekundenabständen ein Kleinkind auf dem Topf, ein Auto, das vor einer Ampel wartet, ein durch den Wald schnürender Fuchs und ein jubelnder Fußballspieler nach einem gelungenen Torschuss. Inzwischen haben Ella und ich uns angewöhnt, bei einem derartigen Szenen-Tohuwabohu gleich wieder abzuschalten. Denn zumindest ich weiß genau, dass ich nicht in der Lage sein werde, der Handlung zu folgen, weil ich unbedingt, wenn auch fast immer vergeblich, die vielen Szenen in irgendeinen Zusammenhang bringen will. Wobei mich als Jäger im geschilderten Beispiel vor allem die Frage umtreibt, ob vielleicht der Fuchs noch einmal auftaucht und was es mit ihm auf sich hat.

Lassen Sie mich noch einmal auf *Stahlnetz* oder von mir aus auch auf die beliebte Serie *Derrick* mit Horst Tappert in der Hauptrolle zurückkommen. Von denen erwartete man seinerzeit geradezu, dass sie mit einem Verbrechen, in der Regel einem Mord, begannen, um dessen Aufklärung es im Weiteren ging, und dass die Lösung des Falls so nachvollziehbar und logisch erfolgte, dass man als Zuschauer zumindest eine Chance hatte, den Täter mit zu ermitteln. Wenn ich heute einen Krimi bis zum Ende anschaue – was ich aus den genannten Gründen nur höchst selten tue –, endet der fast immer damit, dass der Verbrecher gefasst wird und ich wieder mal keine Ahnung habe, warum gerade er der Übeltäter sein soll. Sven und Julia, die in dieser Hinsicht offensichtlich talentierter sind als ich und von sich sagen, die Handlung von Fernsehkrimis regelmäßig nachvollziehen zu können, behaupten in derartigen Fällen – ohne es explizit auszusprechen – immer, ich sei bei Filmen einfach extrem begriffsstutzig. Das mag sogar stimmen, Fakt ist jedoch, dass in der erwähnten

Altersstudie mehr als die Hälfte der Befragten über ähnliche Verständnisprobleme klagten. Ich stehe bei Krimis also ganz offensichtlich nicht ganz allein auf dem Schlauch.

Mittlerweile habe ich mir angewöhnt, nach einem solchen Krimi im Internet, vorzugsweise in der großartigen Online-Enzyklopädie *Wikipedia*, aber auch auf anderen einschlägigen Seiten, die Handlung nachzulesen. Was allerdings auch nicht zuverlässig dazu führt, dass ich sie verstehe. Ich habe das auch schon mal umgekehrt praktiziert und mich bereits im Vorfeld über das, was gleich passieren würde, informiert, aber das ist natürlich auch nicht das Gelbe vom Ei. Denn erstens raubt mir dieses Prozedere jegliche Spannung, und zweitens führt es mich, sofern Ella auch mitschaut, permanent in Versuchung, ihr die Handlung zu erklären. Womit ich natürlich auch ihr total den Spaß verderbe.

Und dann gibt es noch eine weitere, offenbar beliebte und daher häufig im Programm zu findende Art von Fernsehsendungen, die ich mir schon seit einer ganzen Weile nicht mehr antue. Weil ich von vornherein weiß, dass ich mich auch diesmal wieder darüber ärgern werde. Das sind Talkshows. Damit meine ich nicht die unterhaltsamen wie etwa die des NDR, in der die Gäste einer nach dem anderen befragt werden und mit sichtlichem Vergnügen humorvoll erzählen, sondern die politischen mit immer denselben Teilnehmern zu immer denselben Themen. Denn die laufen im Wesentlichen stets nach folgendem Muster ab: Jeder Gast hat zu dem anstehenden Thema eine feste, vorgefasste Meinung, die er auf keinen Fall aufzugeben oder auch nur im Detail zu ändern gedenkt, das könnte man ihm ja als Zeichen von Schwäche auslegen. Also verteidigt er seinen Standpunkt mit Zähnen und Klauen, und zwar auch dann, wenn die anderen in der Runde ihn längst argumentativ widerlegt haben. Logische Argumente spielen bei derartigen Veranstaltungen ohnehin eine untergeordnete Rolle. Vielmehr glauben wohl die meisten der streitbaren Talker, ihre Meinung würde dadurch an Gewicht gewinnen, dass sie sie möglichst laut vertreten und dabei – das ist an solchen Shows für mich das Schlimmste – gnadenlos über die Äußerungen der Mitstreiter hinwegreden. Nach dem Motto: Wer andere höflich ausreden lässt, hat schon verloren. Also reden, rufen, ja manchmal sogar schreien alle wild durcheinander, die Versammlungsleiterin sieht meist rasch ein, dass sie dagegen nicht ankommt, und macht keine Anstalten mehr, die Sache in geordnete Bahnen zu lenken. Das geht so bis zum bitteren Ende, und ich als fassungsloser Zuschauer muss wieder einmal feststellen, dass der Erkenntnisgewinn einer solchen Veranstaltung gleich null ist. Woran auch die Tatsache nichts ändert, dass am folgenden Tag in einem anderen Programm eine Talkshow mit anderen Teilnehmern zu demselben Thema mit praktisch identischem Ablauf stattfindet.

Aus meiner Abneigung gegen derartige Veranstaltungen könnte man den Schluss ziehen, ich würde mich nicht mehr für das aktuelle Zeitgeschehen interessieren. Dem ist jedoch ganz und gar nicht so. In Radio und Fernsehen verpasse ich, wenn immer möglich, keine Nachrichtensendung, ja unterwegs schalte ich mein Autoradio seit Langem fast nur noch zu diesem Zweck an. Allenfalls höre ich auf der Autobahn mal eine Sinfonie oder ein Klavierkonzert, was bei den doch recht lauten Fahrgeräuschen allerdings ein bescheidenes Vergnügen ist. Ich habe eine Tageszeitung und dazu noch ein wöchentlich erscheinendes Nachrichtenmagazin abonniert, die ich zwar nicht von vorne bis hinten durchlese, aber all das mit wirklich großem Interesse verfolge, was mit aktuellen politischen, wirtschaftlichen und sportlichen Ereignissen zu tun hat. Dazu höre ich noch regelmäßig diverse Podcasts zu aktuellen Themen.

Warum ich das tue? Nun, da gibt es zwei Gründe. Zum einen finde ich es gerade bei älteren Menschen wichtig, dass sie in Gesprächsrunden kompetent mitreden können. Von anderen wegen meiner skurrilen Ansichten nicht mehr ernst genommen zu werden ist für mich ein Horrorgedanke. Und auf keinen Fall möchte ich so weltfremd und verschroben werden wie mein Großvater, nachdem er aus dem Berufsleben ausgeschieden war. Der hat damals doch tatsächlich an den Bayerischen Rundfunk geschrieben, eine bestimmte Vorabend-Fernsehserie könne man getrost streichen, die gefalle ihm nicht mehr. Und dann war er geradezu empört, als trotz seiner Intervention die nächste Folge doch wieder im Programmheft stand. Nein, so etwas soll mir nicht passieren. Mein Vorbild in dieser Hinsicht ist der ehemalige Bundeskanzler Helmut Schmidt, der noch mit 90 überaus fundierte und brillant formulierte Stellungnahmen zu allen möglichen politischen und gesellschaftlichen Themen abgab, die allseits auf großes Interesse stießen.

Der zweite Grund, warum ich so viel Zeit damit verbringe, stets umfassend informiert und bei allen relevanten Themen auf dem Laufenden zu sein: Ich bin fest davon überzeugt, dass mich die damit verbundene geistige Anstrengung zumindest bedingt vor der Altersdemenz schützt, die so vielen Senioren und vor allem ihren Angehörigen zu schaffen macht. Zahlreiche Studien liefern Hinweise darauf, dass die beste Methode, das Gehirn so gut es geht jung zu erhalten, darin besteht, es möglichst oft und intensiv zu beanspruchen. Nichts schreckt mich mehr als die Vorstellung, meine Enkel würden später hinter vorgehaltener Hand darüber kichern, was ihr Opa mal wieder für einen Stuss erzählt oder was er sich sonst Skurriles geleistet hat. Mich geistig so fit wie möglich zu halten ist auch der entscheidende Grund, warum ich mich noch immer so intensiv mit Sprachen, vorzugsweise Französisch und Italienisch, beschäftige. Abgesehen davon, dass es in dem entsprechenden Land überaus hilfreich ist, die Landessprache zu sprechen, tragen das Lernen immer neuer Vokabeln und das Übersetzen komplexer Texte wissenschaftlichen Untersuchungen zufolge maßgeblich dazu bei, im Alter geistig nicht allzu sehr abzubauen.

Aber um noch einmal auf Nachrichten und Zeitungen zu sprechen zu kommen – eines möchte ich unbedingt vermeiden: angesichts der unsicheren Weltlage, der vielen beängstigenden Entwicklungen und der zahlreichen ominösen Personen an den Schalthebeln der Macht in weinerlichen Weltschmerz zu verfallen. So wie mein Freund Erhard, dessen ständiges »In welcher Welt leben wir eigentlich!« und »Wo soll das noch hinführen!« mir schon seit einiger Zeit nur noch auf die Nerven gehen. Für ein solches Gejammer fühle ich mich wirklich zu alt. Schließlich ist es noch immer irgendwie weitergegangen. Und allein die Tatsache, dass ich in meinem langen Leben bisher noch keinen Krieg erleben musste – eine derart lange Friedensphase hat es in der deutschen Geschichte vorher noch nie gegeben –, macht mich dankbar und demütig. Und gibt mir die Hoffnung, den absehbaren Rest meines Lebens auch noch in Ruhe verbringen zu dürfen.

Ich bin mir natürlich vollkommen darüber im Klaren, dass es mir nur noch bedingt gelingt, mit den technischen Errungenschaften der modernen Zeit auch nur ansatzweise Schritt zu halten – meine Bemühungen in Bezug auf die moderne Informationstechnologie haben das ja sehr deutlich gezeigt. Das heißt jedoch nicht, dass ich mich nicht für derlei Dinge interessiere. So seit Neuestem etwa für die sogenannte Virtual Reality, also eine »scheinbare Wirklichkeit«, wobei die deutsche Übersetzung die Sache nur sehr unzureichend beschreibt. Wer mich dabei ganz besonders unterstützt hat, ist mein Enkel Elias. Ich weiß noch, welch kindliche Vorfreude aus seinem Gesicht strahlte, als er mir eine der komischen Brillen mitbrachte, die ich schon mehrfach auf Abbildungen gesehen hatte. Die musste ich mir aufsetzen und hatte im selben Moment das intensive Gefühl, auf der oberen Plattform eines riesigen Windrades zu stehen, Felder und Wälder weit, weit unter mir und rauschenden Wind in den Ohren. Unmittelbar vor mir zischten die gewaltigen Flügel vorbei, und unter mir schwankte der Boden. Ich bin alles andere als höhenfest, und so packte mich sofort ein heftiges Schwindelgefühl, das so realistisch war, dass ich mich krampfhaft irgendwo festzuhalten versuchte und entsetzliche Angst bekam, jeden Moment abzustürzen. Um meine Panik vollzumachen, kam auch noch ein riesiger Greifvogel angeflogen, der bei meinem Anblick seine scharfen Krallen ausfuhr und unmissverständlich Anstalten machte, sich auf mich zu stürzen. In dem Moment hätte ich einen schrillen Angstschrei ausgestoßen, hat Elias mir später erzählt. Zum Glück reagierte er sehr schnell, nahm mir die Brille ab, und von einer Sekunde auf die andere stand ich wieder fest im heimischen Wohnzimmer.

Ich brauchte eine ganze Weile, bis ich realisierte, dass das, was ich soeben erlebt hatte, nicht wirklich passiert war. Wie wenn man aus einem schlimmen Albtraum aufwacht und nur ganz langsam in die Wirklichkeit zurückfindet. Wer schon einmal eine Achterbahnfahrt in einem 3-D-Kino miterlebt hat, weiß in etwa, wovon ich rede. Nur dass der Eindruck, mitten im Geschehen zu stecken – Elias nannte das »Immersion« –, mit der VR-Brille, so heißt das kurz und knapp, noch erheblich intensiver und beängstigender war.

»Musste es unbedingt so ein Horrorvideo sein?«, fragte ich ihn, noch immer ganz im Bann des Erlebten.

»Na ja«, antwortete er grinsend. »Ich kenn' doch deine Höhenangst. Da dachte ich: Wenn schon, denn schon. Hat ja auch super geklappt.«

Wie das Ganze funktioniert, weiß ich nicht und will es auch gar nicht wissen. Das habe ich auch Elias gesagt, der mir die technischen Grundlagen näher erklären wollte. Fakt ist, dass man sich mit einer solchen VR-Brille samt Kopfhörern ganz anders als sonst bei Computerspielen nicht als Zuschauer fühlt, sondern selbst Teil des Geschehens wird. Beschreiben lässt sich das allerdings nur sehr bedingt. Deshalb empfehle ich allen und ganz speziell meinen Altersgenossen, so etwas, wenn irgend möglich, einmal selbst mitzuerleben. Fernsehen ist ja ganz schön, 3-D-Kino ist noch wesentlich eindrucksvoller, aber Virtual Reality ist, um Elias' Worte zu benutzen, »der totale Hammer«.

Lesen hat mal Spaß gemacht

Alt werden ist nichts für Feiglinge ist der Titel eines sehr erfolgreichen Buchs von Joachim Fuchsberger. Darin geht es unter anderem um die sich immer schneller verändernden äußeren Umstände, an die wir Älteren uns nur noch mit Mühe anpassen können. Aber hauptsächlich beschäftigt sich das Buch mit der leider nicht zu leugnenden Tatsache, dass wir mit fortschreitendem Alter sowohl körperlich als auch geistig abbauen und mit diesem Immer-schwächer-Werden zwangsläufig zurechtkommen und das Beste daraus machen müssen. In diese Kategorie fallen all die ebenso typischen wie lästigen altersbedingten Widrigkeiten, etwa zum wiederholten Mal im Keller zu stehen und sich zu fragen, was man da eigentlich wollte, sich vorsichtshalber lieber nicht zu bücken, weil man Angst hat, anschließend nicht mehr hochzukommen, oder selbst mit Brille nicht mehr richtig scharf zu sehen. Auch auf Bemerkungen von Mitmenschen immer öfter mit »Wie bitte?« antworten zu müssen, weil wir infolge nachlassenden Hörvermögens mal wieder nur teilweise mitbekommen haben, was der andere gesagt hat, passiert uns mit den Jahren immer häufiger.

Für mich, der ich früher spätestens nach drei Unterrichtsstunden in einer Klasse sämtliche Schülerinnen und Schüler mit Namen ansprechen konnte, ist vielleicht am schlimmsten, mir nichts mehr zuverlässig merken zu können. Das stört mich auch deswegen so sehr, weil ich seit jeher gerne und viel gelesen habe und das eigentlich noch immer mit Begeisterung tue. Zeit hätte ich dazu im Ruhestand ja weiß Gott genug. Doch der Spaß daran ist längst nicht mehr der, der er einmal war, passiert es mir doch mittlerweile fast bei jedem Roman, dass ich früher oder später nicht mehr weiß, wer diese oder jene Person ist.

Kennen Sie Hans Heribert von Nüseborg? Nein? Das ist bedauerlich, denn ich blöderweise auch nicht. Oder besser gesagt: nicht mehr. Dabei scheint er nicht ganz unwichtig zu sein, ist er doch eine von gefühlt 120 Personen, die in dem Roman, den ich gerade lese, bis zu Seite 58 vorkommen. Und über ihn erfahre ich gerade: »Wieder ist es Hans Heribert von Nüseborg, der den Stein ins Rollen bringt.« Um welchen Stein es sich handelt, ist mir noch einigermaßen klar. Aber dummerweise nicht, was besagter Hans Heribert damit zu schaffen hat. Was vielleicht insofern halbwegs nachvollziehbar ist, als es in dem Buch, wie gesagt, von handelnden Personen nur so wimmelt und diese auch noch größtenteils komplizierte fremdländische Namen haben wie McBannister, op de Luisman, Nicolirovic und eben von Nüseborg. Namen also, die – ganz besonders bei uns Senioren – alles andere als leicht im Gedächtnis haften bleiben, selbst wenn wir uns noch so anstrengen, sie uns zu merken. Warum hat der Autor seinen Protagonisten bloß nicht einprägsamere Namen verpasst? Das hätte das Sich-an-sie-Erinnern wesentlich erleichtert. Andererseits: Hießen in dem Roman sämtliche Akteure Meyer, Müller, Schmidt oder Schulze, wäre das der Attraktivität des Werkes gewiss nicht zuträglich. Zumal es sich um einen ziemlich ernsten Stoff handelt, der ansonsten wenig Anlass zur Heiterkeit bietet.

Bei derartigen Büchern, speziell, wenn sie auch noch in Minischrift gedruckt sind, frage ich mich jedes Mal, ob es für die Handlung unbedingt notwendig ist, derart viele Gestalten auftreten zu lassen. Und wenn schon, müssen dann die Namen des für den Fortgang völlig unwichtigen Briefträgers oder der Großtante des Mörders, bei der er ein einziges Mal ein Bier trinkt, wirklich genannt werden? Und müssen die beiden unbedingt Ladislaus und Felizitas-Agnes heißen? Hätte ich einen E-Book-Reader vor mir – davon schwärmt Tochter Kerstin immer in den höchsten Tönen –, würde mir die Volltextsuche in Nullkommanichts die Stelle ausspucken, wo der ominöse Hans Heribert zum ersten Mal auftaucht. Habe ich aber nicht. Einerseits, weil ich nicht sicher bin, damit klarzukommen. Andererseits, weil für mich zum Lesevergnügen nun einmal unbedingt der Geruch von Papier und das Rascheln beim Umblättern gehören. Was übrigens nach meiner Erfahrung ganz besonders für ältere Mitmenschen gilt. Den meisten von ihnen fällt es überaus schwer, jahrzehntealte Lesegewohnheiten abzulegen, und das selbst dann, wenn sie die Vorteile der Bildschirmdarstellung – Helligkeitsregelung, Schriftgrößeneinstellung und gewaltige Speicherkapazität – durchaus einsehen.

Und Kerstin um Hilfe bitten? Na, ich weiß nicht. Vielleicht verlassen sich die Schriftsteller mittlerweile ja darauf, dass jeder, egal wie alt er auch sein mag, ihre Werke mithilfe eines solchen technischen Gerätes liest. Doch warum gibt es dann überhaupt noch traditionelle Ausgaben mit echten Seiten aus Papier? Fakt ist, dass Bücher, bei denen es von Anfang an, noch bevor man sich halbwegs eingelesen und mit dem Stil des Autors vertraut gemacht hat, von immer neuen Personen nur so wimmelt, für Senioren alles andere als vergnüglich zu lesen sind. Und das selbst dann, wenn die Handlung wirklich fesselnd ist und man die Lektüre unbedingt zu Ende bringen möchte. Was aber nicht funktioniert, da man mit jedem Namen, an den man sich nicht erinnert, immer mehr an Durchblick verliert. Einfach darüber hinwegzulesen ist natürlich keine Lösung. Und das Buch genervt zur Seite zu legen auch nicht. Zumindest dann nicht, wenn man unbedingt wissen möchte, wie die Sache ausgeht, ob der Milchmann wirklich der Mörder ist oder ob die zwei, die sich am Anfang nicht ausstehen können, sich am Ende nicht doch kriegen. Dann schon eher den Namen des Autors auf eine Art rote Liste setzen und Werke von ihm künftig meiden. Was aber, wenn es sich um einen Fortsetzungsroman handelt?

Doch mittlerweile habe ich das nervige Namensproblem einigermaßen im Griff. Vor allem, weil ich mir angewöhnt habe, jeden Roman möglichst zügig, das heißt am besten am Stück oder höchstens mit sehr kurzen Unterbrechungen durchzulesen. Das minimiert das Risiko, Personen zwischen ihren Auftritten zu vergessen, ganz erheblich. Natürlich könnte ich bei Namen, denen ich niemanden mehr zuordnen kann, auch zurückblättern und sie suchen. Was allerdings, wenn ich auf Seite 482 angekommen bin, eine Menge Zeit in Anspruch nimmt und höchstwahrscheinlich erfolglos bleibt. Und Romane für Ältere, die damit werben, mit maximal 20 handelnden Personen auszukommen, gibt es meines Wissens bisher nicht. Ist vielleicht eine Marktlücke.

Am besten ist zweifellos – und so handhabe ich das seit einiger Zeit bei jedem neuen Roman –, ein Verzeichnis anzulegen, in das ich von der ersten Seite an konsequent alle neu auftretenden Personen mit einem kurzen Vermerk bezüglich ihrer Funktion sowie ihrer Beziehung zu anderen Figuren eintrage. Allein das Aufschreiben trägt erfahrungsgemäß schon maßgeblich dazu bei, dass ich mir die vielen

Namen besser einprägen kann. Und wenn ich mich auf Seite 148 stirnrunzelnd frage: »Wer war noch mal Hans Heribert von Nüseborg?«, habe ich – auch ohne E-Book – ruckzuck die Antwort parat.

Was die bereits erwähnte nachlassende Sehkraft angeht, unter der fast alle älteren Menschen, Ella und mich eingeschlossen, leiden, so macht sie sich beim Lesen besonders unangenehm bemerkbar, wenn sich Sätze und Wörter nur mit größter Mühe entziffern lassen, weil sie so schrecklich klein gedruckt sind. Laut einer Umfrage der Krankenkasse DAK bei 1700 Personen über 65, über die ich neulich in der *Apotheken-Rundschau* gelesen habe, stört das mehr als die Hälfte der Senioren und Seniorinnen. Ganz besonders nervt die winzige Schrift bei den bereits erwähnten Medikamenten-Beipackzetteln, was bei mir dazu geführt hat, dass ich mir schon seit geraumer Zeit nicht mehr die Mühe mache, sie Wort für Wort zu entziffern. Und was die Romane angeht: Zwar gibt es seit einiger Zeit für ältere Menschen tatsächlich spezielle Großdruckbücher – so wie es auch Großdruck-Skatkarten gibt –, die sich deutlich leichter lesen lassen, aber das nützt mir im Hinblick auf die vielen Hundert Bände in meinen Regalen, etliche davon älter als 50 Jahre, überhaupt nichts.

Die Boomer – Ursprung allen Übels?

Es ist wieder einmal Mittwochnachmittag, Zeit für ein Treffen mit Ludwig. Als ich das Café betrete, sitzt er schon an unserem Lieblingstisch in der Ecke und ist womit beschäftigt? Natürlich mit seinem Handy. Seit etwa einem Jahr ist auch er im Besitz eines solchen Gerätes, das ja heute für uns alle zum täglichen Leben gehört wie Auto, Spülmaschine und Fernseher. Als er mich kommen sieht, legt er sein Smartphone beiseite und begrüßt mich herzlich. Ich setze mich zu ihm, und eine Weile unterhalten wir uns über die üblichen Dinge wie Wetter, Gesundheit und unsere Erlebnisse der vergangenen Woche. Dabei spüre ich, dass ihm etwas auf der Seele liegt, das er gerne loswerden möchte.

Doch es dauert noch eine gute Viertelstunde, bis er endlich mit der Sprache herausrückt: »Ich hatte gestern ein längeres Gespräch mit meinem Enkel Fabian, das mir seither nicht mehr aus dem Kopf geht.«

»Der ist wie alt?«

»Gerade 24 geworden.«

»Und worum ging's dabei?«

»Um unsere Generation und speziell darum, inwieweit wir Alten für vieles von dem verantwortlich sind, was aktuell schiefläuft und womit die Jungen von heute auch noch in Zukunft zu kämpfen haben.«

Ich nicke nachdenklich. »Ja, ja, die berühmten Boomer.«

»Die was?«

»Mit vollem Namen eigentlich Babyboomer. Gemeint sind die Angehörigen der geburtenstarken Nachkriegsjahre bis Ende der 1960er-Jahre. Grob gesagt, alle, die heute zwischen 60 und 80 sind. Dazu gehören wir beide auch. Oder was bist du für ein Jahrgang?«

»1948«, antwortet er. »Und du 45, richtig?«

Wieder nicke ich. »Ich glaube, der Geburtsjahrgang 64 war der stärkste überhaupt. Und ich weiß genau, worauf du hinauswillst. Weil ich eine solche Boomer-Diskussion auch schon mal hatte. Ist allerdings schon länger her, und bei mir war es kein Enkel, sondern mein Sohn Sven, der mich darauf angesprochen hat und mit dem ich deswegen ein langes und ernstes Gespräch hatte. Der Vorwurf, den uns unsere Kinder und Enkel machen …«

»… ist, dass wir völlig hemmungslos gelebt haben«, fällt er mir ins Wort. »Dass wir uns bei dem Bemühen, es uns möglichst gut gehen zu lassen, einen Dreck um die Umwelt geschert haben. Dass wir schuld sind, wenn das Polareis schmilzt und irgendwann die Städte am Meer überschwemmt werden. Dass wir munter Mengen von Schulden angehäuft haben, die die Jungen heute zähneknirschend abbezahlen müssen und …«

Diesmal lasse ich ihn nicht aussprechen. »… und dass wir, statt unser Versagen einzusehen und reumütig Besserung zu geloben, bis heute munter so weitermachen. Dass wir etwa nur zum Spaß um die Welt jetten oder auf riesigen Kreuzfahrtschiffen über die Meere fahren und dabei lächelnd in Kauf nehmen, mit den Abgasen die Luft zu verpesten, dass wir völlig unnötigerweise großvolumige und entsprechend durstige SUVs fahren und nicht zuletzt dass wir uns darauf verlassen, die jungen Berufstätigen von heute würden uns Alten die Rente bezahlen.«

»Womit sie, ehrlich gesagt, ja gar nicht mal unrecht haben«, wirft er ein. »Oder wie siehst du das?«

»Genauso«, gestehe ich ein. »Und noch etwas anderes werfen sie uns vor: dass wir nämlich speziell in den Städten viel zu große Altbauwohnungen blockieren, die wir besser jungen Familien überlassen sollten.« Ich nehme nachdenklich einen Schluck Kaffee und wische mir mit der Serviette gründlich den Mund ab.

»Zweifellos ist zumindest ein Teil der Vorwürfe berechtigt, und wir sollten deswegen wohl tatsächlich ein schlechtes Gewissen haben. Aber wie sagt ein bekanntes Sprichwort? Hinterher ist man immer schlauer. Mit unserem heutigen Wissen, wonach es unbedingt nötig ist, mehr für den Klimaschutz zu tun, nicht unnütz Gase wie CO_2 und Methan in die Umwelt zu blasen und etwa Mehrwegverpackungen statt Kunststoffflaschen und -tüten zu verwenden, hätten wir mit Sicherheit vieles anders gemacht. Und ich bin sicher, das werden künftige Generationen mit Blick auf die Menschen von heute auch sagen.«

Ludwig nickt zustimmend. »Fest steht, dass es uns mit zunehmendem Alter, nachdem die unmittelbaren Kriegsfolgen überwunden waren, immer besser ging. Und, da bin ich mir ziemlich sicher, dass unsere Enkel ein derart luxuriöses und weitgehend sorgenfreies Leben nicht mehr haben werden. Allein schon deshalb, weil die Weltbevölkerung immer weiter wächst, sodass die natürlichen Ressourcen zwangsläufig immer knapper werden. Denk doch mal: 1960 lebten auf der Welt rund drei Milliarden Menschen, heute, also gerade mal 64 Jahre später, sind es schon acht Milliarden. Und dabei wird es mit Sicherheit nicht bleiben.«

»Als ich Kind war«, erzählt Ludwig weiter, »habe ich mit Eltern und Schwester in Nürnberg gewohnt. Direkt neben dem

Siemens-Werk. Da gab es einen riesigen Schornstein, aus dem die ganze Zeit dicke schwarze Wolken rausquollen. Das war zum großen Teil purer Ruß. Meine Mutter hat jeden Tag gejammert, sie könne unsere Fenster putzen, sooft sie wolle, und bekomme sie doch nie richtig sauber. Und denk doch mal an die Flüsse. Jahrzehntelang haben da alle möglichen Industrieunternehmen hemmungslos ihre Abwässer reingeleitet. Der Rhein zum Beispiel war viele Jahre lang eine üble, stinkende Kloake. Dass darin keine Fische und anderes Getier mehr gelebt haben, kann man sich lebhaft vorstellen.«

»Was heute zum Glück ganz anders ist«, übernehme ich. »Weil Unsummen in die Reinhaltung der Gewässer und überhaupt in den Erhalt der Umwelt investiert wurden. Das Geld hätte man so schön und für andere Dinge ausgeben können, wenn man von vornherein sorgsamer mit der Natur umgegangen wäre.«

»Einspruch!«, unterbricht mich Ludwig. »Wir haben doch gerade festgestellt, dass das nicht aus böser Absicht geschehen ist, sondern weil man sich zu wenig Gedanken gemacht hat. Und mit Sicherheit auch, weil die Firmen ihr Geld lieber in Entwicklung und Produktion neuer Erzeugnisse als in Projekte gesteckt haben, die nichts einbringen. Dass Deutschland als Industrienation schon so bald nach dem verlorenen Krieg wieder eine derart führende Rolle gespielt hat, liegt doch zweifellos auch daran, dass man sich über Dinge wie Umweltschäden und Ressourcenverschwendung überhaupt keine Gedanken gemacht hat. Nicht umsonst hat es bis Mitte der Achtzigerjahre gedauert, bis das erste Umweltministerium gegründet wurde. Wie schon gesagt: Hinterher ist man …«

»… immer schlauer, ja, ja«, ergreife ich das Wort. »Wobei mir einfällt, dass wir seinerzeit im Gymnasium durchaus schon über diese Problematik gesprochen haben. Ich erinnere mich noch genau, dass uns unser Biologielehrer lange Passagen aus dem Buch *Der stumme Frühling* von Rachel Carson vorgelesen hat. Das muss Anfang der Sechziger gewesen sein. Darin ging es vor allem um die dramatischen Folgen des Gifteinsatzes in der Natur. Dass Insekten die Toxine aufnehmen und sie, wenn sie nicht gleich daran sterben, an Vögel weitergeben, von denen sie gefressen werden. Und wenn so ein Vogel nur genügend verseuchte Insekten vertilgt, verendet er entweder oder kann sich zumindest nicht mehr fortpflanzen. Mit der Folge, dass die Vögel aussterben und ihr Gesang verstummt. Das Buch war für die damalige Industriegesellschaft ein Schlag ins Gesicht. Wenn die in der Landwirtschaft ungehemmt ausgebrachten Pestizide nicht nur für Bodenlebewesen, Spinnen, Regenwürmer und andere Nützlinge eine Katastrophe waren, sondern über komplexe Nahrungsketten und schließlich über den Verzehr von Schweine- und Rindfleisch auch in unseren Körper gelangten, wo sie das Erbgut schädigten und Krebs erregten, konnte man nicht untätig bleiben.«

Ludwig und ich greifen synchron zu unseren Kaffeetassen und trinken schweigend. Nach einer nachdenklichen Pause fahre ich fort: »An all den Vorwürfen ist natürlich eine Menge dran. Und mit Sicherheit unternehmen wir bis heute noch längst nicht genug, um die Situation ernsthaft und vor allem langfristig zu verbessern. Aber bei alledem dürfen wir nicht vergessen, dass wir, die Boomer, auch eine ganze Menge geschafft haben, was unseren Kindern und Kindeskindern bis heute zugutekommt. Und das in einer Zeit, in der wir mehr als 40 Schüler in der Volksschulklasse waren und Studienvorlesungen später oft nur auf Leinwänden verfolgen konnten, weil die Hörsäle aus allen Nähten platzten. Ich erinnere mich noch gut an meine Zeit an der Uni. Manchmal kam ich mir vor wie bei der Reise nach Jerusalem, wo man nur mit viel Glück und Rücksichtslosigkeit einen Platz abbekommt. Und wenn wir dann mit der Ausbildung fertig waren, war da die Massenarbeitslosigkeit. Da hatte man alle möglichen tollen Qualifikationen erworben und stand dann am Ende ohne Job da. Das Schlagwort von der ›No-Future-Generation‹ ist ja nicht ohne Grund entstanden.«

»Ja, du hast schon recht«, nickt Ludwig zustimmend. »Wenn die Jungen heute so tun, als wäre unser Leben seinerzeit ein Zuckerschlecken gewesen, sind sie total auf dem Holzweg. Das habe ich Fabian auch erzählt, aber davon wollte er nichts wissen. Da bin ich echt laut geworden und habe geschimpft, er solle sich doch gefälligst erst mal mit den Fakten vertraut machen, bevor er so einen Unsinn herausposaunt. Und weißt du, was ich ihm dann noch an den Kopf geworfen habe? Etwas, was ihn echt einen Moment sprachlos gemacht hat.«

»Nein, was?«

»Dass es ohne uns Boomer längst nicht den technischen Fortschritt gegeben hätte, der uns heute das Leben leichter macht. Und dass es ohne unsere Generation kein Internet gäbe. Dessen Erfinder, oder nennen wir's besser Begründer, war bekanntlich Tim Berners-Lee. Und der war Jahrgang 1955. Ohne den wäre möglicherweise alles ganz anders gekommen, und die Jungen von heute müssten vielleicht sogar auf ihr geliebtes Handy verzichten.«

Ludwig bestellt noch einen Kaffee und denkt eine Weile schweigend nach. Dann fährt er fort: »Und dann wollen wir doch auch nicht vergessen, dass es die Boomer waren, die die deutsche Einheit hinbekommen haben. Übrigens ein Ereignis, das ich seinerzeit für ganz und gar unmöglich gehalten hätte.«

Ich nicke eifrig. »Geht mir ganz genauso. Als die Mauer gefallen ist, war mir sofort klar, dass ich Zeuge eines Ereignisses geworden war, wie ich es vermutlich nie wieder erleben würde.« Kurze Pause, dann: »Aber ich möchte noch mal auf einen der Hauptvorwürfe der Jungen an uns Boomer zurückkommen: die skrupellose Umweltverschmutzung. Die in den letzten Jahren ja infolge von Bewegungen wie ›Fridays for Future‹ oder den unsäglichen Klimaklebern in aller Munde ist. Da muss ich den Politikern unserer Generation ihren vielleicht gravierendsten Fehler vorhalten: dass sie nämlich die Atomkraftwerke abgeschaltet haben. Die glauben doch nicht ernsthaft, dass es jemals möglich sein wird, die gewaltigen und immer größer werdenden Energiemengen, die überall benötigt werden, allein durch Wind-, Sonnen- und Wasserkraft zu erzeugen. Das ist doch pure Utopie.«

Ludwig zieht die Stirn in Falten. »Hast du denn keine Angst, dass uns so ein Atomkraftwerk irgendwann um die Ohren fliegen könnte?«

Ich nicke bedächtig. »Natürlich ist das denkbar, wenn auch höchst unwahrscheinlich. Dazu sind die Dinger mittlerweile zu sicher. Aber die als Folge ständig weiterlaufender Kohlekraftwerke drohende Umweltkatastrophe scheint mir da doch das erheblich größere Risiko zu sein. Zumal in allen Ländern um Deutschland herum immer neue Atommeiler gebaut werden. Die sind doch für uns genauso riskant, als wenn sie in der Eifel oder auf der Schwäbischen Alb stünden. Sich einzubilden, die gingen uns nichts an, kommt mir so vor, wie sich als einziger Nichtraucher an einen Tisch mit zehn Dauerqualmern zu setzen und zu glauben, man würde auf diese Weise gesund leben.«

»Einen Vorteil haben wir Senioren aber auf alle Fälle«, bemerkt Ludwig mit breitem Grinsen im Gesicht. »Was auch immer kommen mag, es wird uns aufgrund unseres Alters nicht mehr allzu lang tangieren. Insofern hat es doch durchaus etwas Beruhigendes, nicht mehr zu den Jungen zu gehören. Ich zumindest nehme heutzutage vieles deutlich gelassener hin als früher. Und manches berührt mich altersbedingt wirklich nur noch ganz am Rande. Ja, für manchen Mist fühle ich mich schlicht und einfach zu alt.«

»Ja, das ist doch der Hermann«, ertönt plötzlich eine weibliche Stimme hinter mir. Eine tiefe, volltönende Stimme, bei deren Klang ich früher erfreut aufgesprungen wäre.

Heute begnüge ich mich mit gemächlichem Umdrehen. »Gisela, welche Freude!«

Gisela ist eine Exkollegin von mir, frühere Musik- und Kunstlehrerin am selben Gymnasium, an dem auch ich tätig war. Wir haben uns länger nicht mehr persönlich getroffen, doch hin und wieder sehe ich ihr Bild in der Tageszeitung, wenn sie mal wieder im Rahmen einer öffentlichen Veranstaltung irgendwo gesungen hat. Sie ist ein paar Jahre jünger als ich, müsste also Anfang 70 sein, und genießt wie ich den Ruhestand.

Ich mache sie mit Ludwig bekannt und frage, ob sie sich nicht ein wenig zu uns an den Tisch setzen will, was sie sichtlich erfreut bejaht. Wenn ich sie sehe, muss ich unweigerlich an einen Vorfall während unserer gemeinsamen Schulzeit denken. Damals war ein Mädchen – ich glaube, sie hieß Nadja oder Katja oder so ähnlich – immer wieder durch schlechtes Benehmen und durch Unverschämtheiten Lehrern gegenüber aufgefallen. Das Ganze zu allem Unglück auch noch gepaart mit ausgesprochen miesen Noten. Nachdem sich an diesem Zustand auch nach mehrfachem Ermahnen, zahlreichen Strafarbeiten, Briefen an die Eltern und stundenlangem Nachsitzen nichts geändert hatte, fand schließlich eine Lehrerkonferenz statt, in der es darum ging, sie von der Schule zu verweisen. Und das wäre zweifellos auch passiert, hätte nicht Gisela energisch Einspruch erhoben und sich schließlich verbürgt, das Mädchen auf den Weg der Tugend – so pathetisch hatte sie sich tatsächlich ausgedrückt, ich erinnere mich genau – zurückzuführen. Was ihr, um es kurz zu machen, mit sehr viel Engagement und zahlreichen Gesprächen mit der Delinquentin auch tatsächlich gelang. Fortan glänzte Nadja oder Katja zwar nicht durch brillante Noten, fiel aber zumindest nicht mehr negativ auf und schaffte, wenn auch nur mit Ach und Krach, schließlich sogar ihr Abitur.

»Weißt du, was aus ihr geworden ist?«, frage ich Gisela, nachdem sie sich einen Cappuccino bestellt hat.

»Nein, leider nicht«, antwortet sie. »Aber man hat zumindest nichts mehr von ihr gehört, was ich als gutes Zeichen werte. Immerhin stand damals auch mein guter Ruf auf dem Spiel. Wenn sie sich nicht grundlegend geändert hätte, hätten sämtliche Kollegen mit Sicherheit so etwas wie ›Hab' ich doch gleich gewusst‹ gedacht.« Sie nimmt bedächtig einen Schluck und wendet sich dann Ludwig zu: »Und was habt ihr zwei Hübschen vor?«

»Nichts Besonderes«, antwortet Ludwig. »Wir treffen uns von Zeit zu Zeit und bequatschen, was es Neues gibt. Heute geht es um die Generation der Boomer und darum, inwieweit die, also wir, für viele Probleme unserer Zeit verantwortlich sind.«

»Oje«, seufzt Gisela. »Da habt ihr euch ja ein schwieriges Thema vorgenommen. Wobei das größte Hindernis für ge-

genseitiges Verständnis zwischen Jung und Alt meines Erachtens der sogenannte Generationenvertrag ist. Oder was denkt ihr?«

»Du meinst die stillschweigende Übereinkunft, nach der die jungen Erwerbstätigen mit ihren Versicherungsbeiträgen die Renten der Ruheständler bezahlen«, sage ich. »Ein Konstrukt, das schon heute nur noch sehr bedingt funktioniert und mit jedem weiteren Jahr, das vergeht, immer zweifelhafter wird.«

»Richtig«, ergreift Ludwig das Wort. »Das Problem ist die permanent steigende Lebenserwartung. Es gibt einfach immer mehr alte Menschen, für die die jungen sorgen sollen. Das konnte noch klappen, als die Menschen nach Beendigung der Berufstätigkeit nur noch wenige Jahre zu leben hatten. Aber heute macht der Ruhestand schon rund ein Viertel der Gesamtlebenszeit aus. Die Summen, die da an Renten fällig sind, können die Jungen gar nicht mehr aufbringen.«

Gisela nickt eifrig. »Es sei denn, man erhöht die Sozialversicherungsbeiträge oder kürzt die Renten. Am besten beides. Und weil daran auf Dauer absolut kein Weg vorbeiführt, rührt die Regierung ja schon seit Langem die Werbetrommel für eine private Altersvorsorge, um damit die gesetzlichen Bezüge aufzubessern.«

»Das ist ja alles schön und gut«, sage ich. »Aber deswegen können uns die Jungen doch keinen Vorwurf machen. Ist schließlich nicht unser Fehler, dass die Menschen immer älter werden. Dass damit auch das Renteneintrittsalter steigen muss, ist ja wohl sonnenklar. Aber davon wollen – ja irgendwie auch verständlich – die Beitragszahler von heute nichts wissen. Obwohl sie, wenn sie einmal in den Ruhestand wechseln, natürlich genauso davon profitieren. Und eines dürfen wir doch nicht vergessen: Es waren zu einem ganz erheblichen Anteil Boomer, die die Medizin und Pharmakologie mit immer neuen Entdeckungen und Entwicklungen so weit gebracht haben, dass heute so viele Menschen bei guter Gesundheit immer älter werden.« Ich wende mich Ludwig zu: »Womit wir wieder bei unserem Thema von vorhin wären. Wir beide sind schon so alt und unsere voraussichtliche Restlebenszeit ist nur noch so gering, dass wir wohl damit rechnen können, finanziell halbwegs ungeschoren davonzukommen.«

»Ihr zwei als Beamte sowieso«, wirft Ludwig mit säuerlichem Lächeln ein. Er nimmt einen weiteren Schluck Kaffee und fährt fort, wobei sich ein Grinsen auf seinem Gesicht breitmacht: »Aber egal, in welche Richtung sich die Sache bewegt und wie sie ausgehen wird, eines steht unverrückbar fest: Die Welt wird sich auch morgen und übermorgen noch drehen, irgendwie wird alles weitergehen. Das war schon immer so, und nichts deutet darauf hin, dass sich daran etwas ändern wird.«

»Da hast du natürlich recht«, sage ich breit grinsend. »Und solange die Jungen von heute immer noch Zeit haben, sich über so einen Quatsch wie das bescheuerte Gendern zu ereifern, kann es ihnen ja gar nicht so schlecht gehen. Eines steht für mich jedenfalls fest: Dass die Jungen auf die Alten schimpfen, war schon immer so und wird auch immer so bleiben. Weil es eben viel leichter ist, im Nachhinein zu urteilen als im Voraus.« Ich mache eine kurze Pause und lächle Ludwig und Gisela nacheinander augenzwinkernd an. Dann sage ich langsam: »Dazu fällt mir ein wunderbares Zitat von Sören Kierkegaard ein.«

Beide blicken mich erwartungsvoll an, und Gisela fragt lächelnd: »Als da wäre?«

»Verstehen kann man das Leben oft nur rückwärts, aber leben muss man es vorwärts.«

Ludwig nickt nachdenklich »Da hat der alte Dänc ja so was von recht. Das zeigt doch ganz klar, dass das Problem schon seit Urzeiten besteht.« Er hebt seine Kaffeetasse. »Und mit Sicherheit nie verschwinden wird. Darauf wollen wir anstoßen.«

Was wir dann auch tun.

**Ebenfalls bei
Yes Publishing erschienen**

JÜRGEN BRATER
Wer weiß das?
Das geniale Quiz für Senioren
250 knifflige und spannende Fragen
YES

JÜRGEN BRATER
MATHE
MAGIC
Spannendes und Kurioses
aus der Welt der Zahlen
Mit zahlreichen Aufgaben zum
Denken, Rechnen und Knobeln
YES

Dr. med Jürgen Brater
UNNÜTZES
MEDIZIN
WISSEN
Fakten und Geschichten,
die selbst den Arzt verblüffen
YES

Dr. med. Jürgen Brater
Verblüffendes
KÖRPER-
WISSEN
Konkurrierende Augen, schmerzende
Geräusche, denkende Muskeln –
ein Arzt erklärt erstaunliche Phänomene
unseres Organismus
YES